새 論文作成法

著者　鄭琦煥　博士

도서출판 한글

A Manual for Writers of Report, Thesis and Dissertations

by

Dr. Key-Hwan Jung

Writer

머 리 말

일반적으로 논문이라 하면 딱딱한 분위기와 그와 같은 선입관에서 대하게 됨을 보게 된다.

이는 논문에서는 정서적 표현이나 불필요한 미사여구들의 사용을 금하는 것을 원칙으로 삼고 있기 때문이다. 게다가 최소한의 분량에 최대의 표현을 하고자 하는 의도가 포함되기에 더욱 그러하다.

대학의 문을 두들기고 나면, 특히 졸업할 즈음부터는 논문이란 언어와 직접적으로 부딪히게 된다. 지금은 대학입학에서도 논술 등의 언어로 어느 정도 접근은 하고 있지만 대학이나 대학원 또는 그 이상의 상위 과정에서 다루고 있는 학위논문이나 연구논문과는 엄연히 구별이 된다.

학교의 수업과정은 새로운 밭을 갈고 씨앗을 뿌리는 것과 같다. 게다가 학년이 올라가면서 자라나는 모습들을 학문의 입장에서 바라보게 되고 자신이 속한 학문이 어느 영역에 속하여 있는가를 서서히 구별하면서 가꾸어 가게 된다.

또한 때를 따라 꽃을 피우게 되고 이제는 열매를 맺게 하고 거두어 가게 되는데 논문은 여러 해 동안 가꾸어 온 것에 대한 결실의 열매를 거두는 것과 같다. 그러므로 이는 지극히 중요하며 수년간의 배움에 대한 함축된 언어의 종합적 집합이기도 한 것이다. 따라서 이에 대한 어필은 일찍부터 이해하고 준비하는 것이 필요하다 하겠다. 그리고 이를 잘 이어가면 일평생을 통한 작업의 일거리를 확보하게 되고 인생의 여정과 동행하는 한 분야가 되어 가는 것이다.

즉, 그 사람의 한 부분을 나타내는 작은 형상으로 성장해 가는 것이고 어느 분야에 있어서의 특출한 모습을 소유하게 하는 영역인 것이다.

이를 위하여 본서에서는 복잡하게 전개될 수 있는 부분들을 생략하고 실제에 쉽게 활용할 수 있도록 이해하기 쉽게 기술하도록 노력을 하였다. 또한 대학과 대학원 그리고 최고지도자 과정 등에서 학위 논문에 사용되는 것을 목적으로 하였음도 이해를 구하는 바이다.

부디 새롭게 접근할 수 있는 분야에서 참고가 되고 본서를 사용하는 모든 이들에게 유익한 안내서가 되었으면 하는 바람이다.

상동 목양실에서
정기환 목사

목 차

Ⅰ. 논문이란 무엇인가?

A. 논문의 개념

논문을 정의하고 있는 사전의 설명을 빌리자면 '연구한 내용과 결과를 발표하는 글월' 혹은 '의견을 논술하는 글'이라는 정도의 간단한 언어로 매듭을 짓고 있다.

본래 글이라는 것은 자기의 뜻을 다른 사람에게 전달하는 수단중의 하나이다. 그러나 논문에는 전달하고자 하는 자의 비평이나 평가 등이 가미된다는 것이 일반적인 글들과는 다르다. 이는 자신의 의견이나 사상 또는 주장 등이 포함되고 있음을 의미한다. 따라서 어떤 특정한 문제에 대하여 자세히 조사 및 분석을 함으로써 이에 대한 해답을 얻어가는 학술적 활동을 지칭하는 것을 말한다.

논문에는 다음과 같은 기본사항을 지니게 된다.

① 문장은 명확하고 가능한 한 간결하게 기록하도록 하는 조직성이 요구된다. 어수선하게 길거나 복합적으로 이어지는 문장은 피하여야 한다.

② 문장은 최근의 맞춤법과 표준어법에 맞아야 하고 부호의 사용에는 일관성이 있어야 한다.(부록참조)

③ 문장은 완전한 문맥을 유지하여야 하며, 내용을 벗어나는 정서적

언어나 설교식 강조나 미사여구들은 피해야 한다.

④ 사용 언어는 文語體를 기본으로 하고 口語體는 꼭 요구되는 영역 이외는 사용하지 않아야 한다.

⑤ 외국의 문헌을 인용할 경우 연구자가 번역하는 것을 원칙으로 삼되 필요에 따라서는 원문을 그대로 인용토록 한다.

상기의 사항을 좀 더 이해하기 위하여 논문이 될 수 없는 非論文의 규정을 보면 다음과 같다.

(1) 아직 입증되지 않은 개인적 견해를 주장하는 글.

논문은 작성자의 입장을 변호나 하거나 개인의 의견을 진술하고자 쓰는 것이 아니고 사실 자료의 제시를 통하여 확신을 주는 것이기 때문이다.

(2) 타인의 단행본이나 논문을 요약하고 있는 글.

(3) 타인의 것을 복사하거나 인용문으로만 구성되어 있는 글.

논문은 자료들을 완전히 소화하고 자기의 것으로 한 다음 글로써 표현을 해 내는 것이기 때문이다.

(4) 설교의 형태를 취하여 나열하고 있는 글.

논문은 내용이나 형식에 있어서 설교와는 완전히 다르므로 감정전달을 위한 표시의 언어들은 배제되어야 하고 객관적으로 입증된 사실들을 중립적으로 기록하는 것이 바람직하다.

따라서 이를 종합해 보면 논문은 연구하고자 하는 주제를 설정하고 여기에 관하여 깊이 탐구하여 얻은 사실을 발표하고자 작성한 글을 일컬으며 이는 그 분야에서 더욱 발전을 가져다 줄 소지를 안고 있는 것들이어야 한다.

B. 논문의 종류

1. Report(보고서, 報告書)

a. Report란 무엇인가

Report는 대학의 문을 두들기고 난 후 수업이 진행되면 가장 먼저 만나게 되는 단어일 것이다. 이전의 시절에 숙제나 과제물이라는 언어에서 한 단계 진행되어진 과정으로 보면 쉽게 이해가 되리라 본다.

즉 어떤 분야에 대한 보고문(報告文)으로서 좀더 구체적으로 조사하고 연구를 겸한 소형논문의 형식을 지니는 것으로 보면 된다. 여기에는 이론적 고찰이나 비평 등을 주안점으로 다루지는 않고, 사실 조사 등을 열거하여 결과를 정리하는 보고의 양식을 지니기 때문에 완전한 논문의 형태를 지니지는 않지만 원론적 의미에서 보면 논문의 일종인 것이다.

b. Report의 목적

(1) 주어진 교과 내용 외에 이와 관련한 독서의 동기를 부여한다.
(2) 시간 및 공간 등의 제한으로 강의에서 다루지 못한 부분들을 도서관 자료 등을 활용하여 독자적으로 조사할 수 있는 기회를 제공한다.
(3) 주어진 대상에 대한 연구방법을 습득하게 하고 표현기법을 논리

적으로 훈련하는데 유익을 가져다준다.

c. Report 작성방법

(1) **주제의 선정** : 이는 대부분 지도교수가 강의 내용과 관련을 갖는
분야에 대하여 제시해 주는 것이 보편적이다. 또는 여러 참고문
헌이나 논 문 등을 제시하고 그 내용들을 파악하여 요약할 것을
요구하기도 하고, 통계나 조사 자료들을 모아 이를 분석하여 결론
을 지어볼 것을 과제로 내어 주기도 한다.

(2) **과제의 분석** : 주요 주제가 선정되면 과제의 범위를 정하고 보고
서를 작성하기 위한 자료를 수집하기 위하여 과제의 전체적인 성
격이나 방향을 정해야 한다. 이는 강의 내용이나 보조자료들을
통하여 성격을 결정해 가면 된다.

(3) **자료의 수집** : 자료를 어떻게 수집하느냐에 따라 보고서의 정확성
이 좌우되게 된다. 따라서 자료는 아래와 같은 기준으로 선택을
하면 유익 하다.

(a) 주제와 관련이 있는 것들

(b) 증명되어 믿을 수 있는 권위 있는 것들

(c) 보다 새로운 것들

(d) 양적으로 풍부하고 다양한 자료들

(4) **실제적 작성** : 문제의 핵심을 벗어나지 않는 객관성을 유지하며
다음과 같은 양식을 따르는 것을 원칙으로 한다.

(a) 인문계의 경우

i. 제목 및 본인 소속(표제지 양식사용)

　　　ⅱ. 차례(목차)

　　　ⅲ. 서론

　　　ⅳ. 본론 ① 연구의 방법 ② 조사 및 분석 ③ 기타 참고사항

　　　ⅴ. 결론

　　　ⅵ. 참고문헌

　(b) 이공계의 경우

　　　ⅰ. 제목 및 본인 소속(표제지 양식사용)

　　　ⅱ. 차례(목차)

　　　ⅲ. 서론

　　　ⅳ. 본론 ① 실험일시 및 장소 ② 실험의 목적 ③ 실험장치의
　　　　　　　도해 ④ 실험방법 ⑤ 실험 조 ⑥ 기타 참고사항

　ⅴ. 결론

　ⅵ. 참고문헌

■ Report 작성 시 유의할 것은 여기에서는 자신의 어떤 창의적인 독특한 학설을 요구하고 있지 않다는 것을 유념해야 한다. 따라서 문장의 표현은 사실 그대로 표현하려고 노력해야 하며 작성자의 주관성은 가능하면 배제하는 것이 좋다.

2. Thesis, Dissertation

　주로 학위논문에서 사용되는 언어인데 Thesis는 Master(석사, 碩士)과정을 지칭할 때 주로 인용이 되고, Dissertation은 Doctor(박사, 博士)과

정의 학위에서 사용되어지곤 한다. 또는 논문의 성격에 따라 분류하여 사용되어 지기도 한다. 일반적으로 Dissertation은 Thesis보다 주제의 취급에 있어서 좀더 광범위하고 포괄적인 특성을 지닌다.

본서에서는 이 분야에 중점을 두고 취급하고 있음을 기억하기 바란다.

3. Research paper

본 논문은 연구논문이기 때문에 창의성을 생명으로 하고 있고, 언제나 새로운 것과 접목되려하는 노력을 중요시하고 있다. 따라서 독창적인 결론으로의 유도가 강조되고 있으며, 이의 타당성에 대하여 확실히 입증할 수 있는 실질적 자료의 입증이 필요하다. 어느 곳에 목적을 두고 있느냐에 따라서 순수연구(이론적)와 응용연구 및 시장조사(Market Research)등으로 분류하고 있다.

상기 기술한 대표적인 것들 이외에도 수필문학에서 사용되는 에세이(Essay)가 있다, 이는 특수한 주제에 대하여 논설의 형태를 지니는 포괄적 논문의 부류에 속한다. 이 산문의 형식보다 좀더 체계적인 형태를 지니는 Treatise나, 주로 하나의 문제만을 대상으로 삼는 전공 논문인 Monograph등이 있다. 혹간에는 신문이나 잡지 등에 기고되는 짧은 분량의 논문형식으로 Article도 논문의 한 지류에 포함을 시키기도 한다.

C. 논문의 요소

논문은 어떠한 형태의 것이든 기록되어 보존된다는 사실을 기억할 필

요가 있다. 그렇기 때문에 몇 가지 기본적인 요소를 유의하며 체크하여
야 하고, 전체의 내용을 바라보며 조율할 필요성이 있는 것이다. 그리하
여야 확실히 책임을 질 수 있는 자신의 논문이 작품으로 탄생될 수 있
는 것이다.

1. 책임성(Accuracy)이 있어야 한다

논문은 특히 논리적으로 글을 전개하여 결론으로 이끌어 가는 것이므
로 이에 의해 타인에게 미치는 영향력은 본인이 생각하는 것보다 더 크
게 작용을 할 수도 있다. 이는 상대방의 사고조직을 움직이는 힘이 있
기 때문이다. 따라서 정확도는 필수적이며 충분한 자신감이 확고히 설
때까지 수없이 점검을 해야 하며 그래도 확신이 서지 아니하면 발표를
미루거나 작성을 하지 않는 편이 낫다.

모든 면 심지어는 점 하나 하나 까지도 소홀히 해서는 안 되는 것이
논문이다. 또한 열심히 교정을 보고 난 후 완성을 하였다 해도 타이핑
을 할 때나 인쇄를 위하여 타인에 의해 마무리 작업이 이루지는 것이
대부분이기 때문에 차후에도 원본과 비교하며 반드시 다시 체크하는 것
을 잊어서는 안 된다.

2. 객관성(Objectivity)이 있어야 한다.

논문에서 피하여야 할 요소 중의 하나는 〈나〉라는 주관적 견해의 삽
입이다. 주관적인 견해는 선입견에 치우치기 쉬우므로 공평성을 상실하
게 한다.

‘나는 …… 라고 여기에 대하여 확신한다’든가 하는 식의 자기 주관적 견해는 객관성을 잃게 하고 단순히 독단에 머물게 하는 것이 되고 만다. 논문 작성자의 견해는 자료나 다른 학자의 발표 물, 또는 여러 참고문헌들을 근거로 제시되는 것이어야 한다. 객관성을 확보하지 못하면 논문은 유동적으로 흐르게 되고 이미 학설에서 벗어난 것이 되고 말게 되기 때문이다.

객관적 입증을 위해서는 작성자가 이미 주제에 대한 사전지식이 있어야 한다. 논문은 이를 바탕으로 하여 실질적 사실을 추가하는 것이지 감성에 호소하거나 어느 가정을 설정하거나 또는 확증 없는 가능성으로 매듭짓는 것이 아니다.

3. 검증성(Verification)이 있어야 한다

검증성 이란 수사관이 사건의 확증을 위해 여러 증거 자료들을 제시하는 것과 유사하다. 논문에서 자료의 출처를 밝히고 연구의 방법 등을 제시하는 것은 이 검증성을 위해서이다. 이는 그 누구에 의해서도 타당성을 인정받고 설득력을 지니게 하기 위한 방법인 것이다. 명쾌한 검증이 결여되면 참으로 인정할 수도 없게 되고 아직 거짓도 아니므로 논문으로서의 기능을 상실하게 된다. 그러나 검증성의 확보를 위하여 너무 복잡한 방법을 도입하거나 사용하는 일은 삼가야 한다. 이유는 논문도 읽혀야 하는 작품이므로 눈에 거슬리도록 보편적인 데에서 벗어나게 되면 도리어 부담만 안겨주게 되기 때문이다.

4. 창의성(Originality)이 있어야 한다

창의성(독창성)은 논문을 쓰고자 하는 동기 유발의 요소가 되고, 논문의 구성요소 중 가장 중요한 핵심사항중의 하나이다. 그렇다고는 해도 처음부터 모든 것을 100% 창작하여 쓰려고 하는 발상은 위험하다.

모든 발전은 과거의 업적들을 토대로 하여 한 단계씩 발전하여 가고 있기 때문이다. 그래서 선각자(先覺者)들의 연구한 자료들을 찾아 참고하고 이를 각주로 하여 내용을 전개해 나가게 되는 것이다. 물론 주제의 방향에 있는 논문들을 조사하여 보아 내용이나 접근 방법 등이 동일하다면 또다시 쓴다는 것은 의미가 없으므로 이때는 논문 쓰기를 차라리 중지하여야 한다.

그러나 여기에서 한 발자국 더 나아기는 진전은 필요한 요체가 되고 이 진전은 곧 본인의 창의성으로 귀착이 되는 것이다. 이를 위하여 논문의 주제는 크고 포괄적인 것을 요구하지 않는다. 논문은 백과사전과 같이 나열식이 돼서는 안 되기 때문에 어떤 특정한 주제를 향하여 문제를 삼을 때 그 분야에서의 권위 있는 창의성이 나오게 된다. 이 창의성은 새로운 발전을 위한 필수 불가결한 중요한 조건이기도하다.

D. 논문작성의 용어

1. 일반적인 경우

a. 화려하고 은유적인 표현을 피하고, 상상적 표현이나 비교급, 최상급의 단어들을 사용하지 않는다.

b. 독단성이 있는 표현보다는 중용적인 표현을 권한다.

　예) 결코 보다는 → 더러는,

　　　전혀 → 어느 정도,

　　　아무 것도 → 가끔

c. 일반적인 대명사보다는 구체적인 명사를 쓰도록 한다.

　예) 사람이라고 막연히 표현하는 것보다는 사람 중에 청년, 학생, 또는 학자 등 어느 부분을 지칭해 주는 것이 낫다.

e. 형용사 및 부사의 사용을 절제하도록 한다.

f. 속어나 비어 또는 축약어의 표현은 금하도록 한고 건전한 언어와 완전한 형태의 용어를 사용하도록 한다.

　예) 연대 → 연세대학교, 고대 → 고려대학교

　　　can't → can not, I'm → I am

g. 회화체와 구어(口語)가 아닌 표준어와 문어(文語)를 상용하며 특히 설교를 위한 강단의 언어는 적합하지가 않다.

2. 시제, 인칭, 명칭의 경우

a. 시 제

(1) 시제는 현재형과 과거형의 사용을 원칙으로 삼는다.
(2) 방법과 기술을 나타낼 때 혹은 인용문의 경우는 과거형을 쓴다.
　　예) 존 칼빈은 …… 라고 논하였다.
　　　　아인슈타인은 …… 의 방법을 설정하였다.
(3) 정의를 내리는 경우, 가설의 경우, 연구자의 의견진술에 있어서는
　　현재형을 사용한다.

b. 인칭과 수

(1) 사용하는 인칭은 보편적으로 3인칭의 사용을 원칙으로 삼는다.
　　예) 나는, 그는 → 필자, 저자, 연구자
(2) 숫자는 특별한 경우가 아니면 아라비아 숫자를 사용한다.

c. 인 명

(1) 논문에서는 유명인물이라 해도 존칭을 사용하지 않는다.
(2) 한국과 중국인의 인명은 성명 전체(성 + 이름)를 표기한다.
(3) 한국과 중국 이외의 경우는 처음으로 표기하는 경우를 제외하고
　　는 성(family name)만을 표기한다.

Ⅱ. 논문을 쓰기 위한 준비

A. 준비과정

무엇보다도 한편의 논문이 완성되기까지는 많은 기도와 준비 그리고 자료의 수집으로부터 조사 분석, 원고작성 및 출판에 이르기까지 여러 과정을 거쳐야 하기 때문에 적지 않은 시간적 공간을 확보해 놓아야 한다. 단지 몇 개월 만에 쓰고자 한다면 마음도 조급하려니와 올바른 자료 분석이 되지 않아서 타인이 이미 써 놓은 것과 대동소이한 작품을 내놓게 되거나 전혀 가치 없는 졸작을 만들기 십상이기 때문이다.

학위논문의 경우 대개 졸업 시까지의 일정이 미리 잡혀져 있을 것이므로 이를 잘 살펴보고 최소한 1년 이전부터 차근차근 논문을 작성할 준비를 하는 것이 현명하다. 또한 사전에 지도교수의 선정에 대해서도 면밀히 기도하며 접촉해 두는 것이 바람직하다.

B. 논문 제목의 선정

논문 제목은 그 다음에 이어질 모든 과정을 미리 결정해 주기 때문에 지극히 중요하다. 이를 중심으로 하여 시간이 투자되고 노력이 요구되고 물질의 보조가 더해지게 된다. 그러므로 제목의 선정은 초기의 작업이기는 하지만 논문의 성패를 좌우할 만큼 비중이 큰 것이다.

논제를 정하기 전에 선행되는 것이 주제의 유형(類型)인데, 이는 보통 세 가지로 구분을 한다.

1. 주제의 유형(類型)

a. 유형의 사실의 확인(problems of fact)

이는 확인 검증을 관찰할 수 있도록 개개의 사실과 그런 사실들 사이의 관계를 규명하는 연구이다. 이를테면 지구에서의 무게와 달에서의 무게가 같은가 아니면 다른가 하는 것은 이미 알려진 사실의 문제이고 달나라에 우주인이 가서 행하는 것은 이를 검증하는 과정의 하나로 볼 수 있다.

즉, 무슨 일이 일어났는가, 그것이 어떻게 일어났는가 등을 규명하는 것을 말한다.

b. 유형의 가치판단(problems of value)

어느 주제를 향하여 얼마만큼 바람직한가의 평가기준을 두고 저울질하는 부분이다. 즉 무엇이 유용하고 어떤 일을 어떻게 평가할 것인가를 다루는 것이다.

c. 유형의 기술문제(technical problems)

이는 목적을 달성하기 위한 수단 및 방법에 관한 문제이다. 즉, 1929년에 플레밍에 의하여 발견된 페니실린(사실확인의 문제)이 실제적으로 사용이 된 것은 2차 세계대전의 무렵에 와서이다. 이는 기술의 문제 해결로 가능해졌기 때문이다.

2. 주제선정의 요건

a. 흥미가 있는 문제인가?(일반적으로 관심이 있는 것이어야 한다)

b. 시간적으로 충분한 주제인가?

(아무리 귀중한 것이라 해도 원하는 바의 정해진 일자를 넘어서게 되면 아무 소용이 없게 된다. 취급 능력의 범위를 벗어나는 것은 논제가 될 수 없다)

c. 취급하고자하는 범위가 좁고 깊이가 있는 것인가?

(주제의 범위가 넓어지면 논문으로서의 초점이 흐려지고 전문성이 결여되기 때문이다. 명백한 결론으로 유도될 수 있는 것이어야 한다)

d. 자료의 수집이 용이한 것인가?

(참고문헌 등이 희귀한 것은 피하는 것이 좋으며 근거 없이 나열하게 되면 신빙성에 문제가 생기게 된다)

e. 창의적(독창적)인 것인가?

(논문은 인용이나 복사만으로 구성되는 것이 아니다. 그 위에 창의적인 참신한 견해가 첨부되어야 한다)

f. 다음 학위 논문으로 발전해 나갈 수 있는 것인가

(학문은 평생을 통하여 이루어지는 연구의 분야이므로 어느 분야에 지속적으로 이어갈 수 있는 것이 전문성을 지닐 수가 있고, 다음의 작업에도 유익하게 작용을 하게 된다)

g. 사회에 유익을 가져다주는 유용성이 있는 것인가?

(인류사회의 한 부분이 되어 도움을 받아가며 살아가는 자신이 그 사회 에 해악을 끼칠 소지의 논제를 다루어서는 안되기 때문이다)

C. 계획서 작성

논문의 주제가 선정되면 이제는 이를 진전시키기 위하여 계획서를 구체적으로 작성을 하여야 한다. 보통 짧게는 6개월 보편적으로는 1년을 산정 하여 계획표를 만들면 무리가 없을 것이다.

1. 문헌자료의 모집기간 및 집필기간의 설정(시간의 배분)

전체의 시간을 분할하는 과정은 독자적으로 되는 것이 아니라 학위논문의 경우 대부분 학교의 일정을 따라 이미 배분되어 있음을 기억해야 한다. 특히 지도교수의 지도에 따라 요구되는 시점을 놓치지 않고 안배하여 진행해 나가야 한다.

2. 문헌자료의 목록작성 계획

자료의 공급원은 더 말할 것도 없이 도서관이 제일 먼저 거론되어야 한다. 도서관의 수많은 장서는 크게 일반도서와 참고도서로 구분하는데 먼저 자유롭게 열람할 수 있는 참고도서로는 사전류, 연감, 색인, 편람, 신문, 잡지, 목록류와 같은 것들이다. 이를 참고하여 종합적인 정보를 습득한 후에 전문서적들로 접근을 해 가도록 한다.

3. 자료의 분류작업을 위한 계획

주어진 자료는 본인이 초기에 생각했던 것보다 훨씬 더 많게 찾아질 수도 있으므로 자칫하면 방대한 자료를 산만하게 다루기가 쉽다. 그러므로 좀더 체계적으로 관리할 필요성이 있는 것이다.

a. 연대별 분류

개별적으로 보면 아무 것도 발견할 수 없는 것들이 시간대별로 일목요연하게 분류를 해 놓고 보면 그 시대의 상황들을 이해하는데 큰 도움이 될 뿐만이 아니라 새로운 사실들을 발견할 수 있는 동기도 된다.

b. 지역별 분류

작성자의 주관에 따라 국가별, 대륙별, 육지권, 해양권 등임으로 분류할 수 있으며 지역적 특성을 이해하고 발견하는데 유익이 되며, 전체를 한 눈에 볼 수 있는 시야를 확보하게 해 준다.

c. 기타의 방법

위의 대표적인 것 이외에 논문작성에 유리하도록 본인이 적용해 나가면 된다. 남과 여, 노년층과 젊은 층, 혹은 직업별 등등 필요를 따라 분류를 해 놓으면 찾고 참고하기에 훨씬 유익하게 된다.

4. 체재 계획(분량계획)

학위논문의 경우 이미 주어지는 범위가 있으므로 그 범위 내에 적합하도록 전체를 바라보며 내용을 분배해 가야 한다. 과거에는 200자 원고지 혹은 400자 원고지 몇 매 하는 식으로 과제가 주어졌지만 지금은 컴퓨터가 발달되어 있는 관계로 A4 몇 페이지 하는 식으로 직접 주어지는 것이 상례이다.

5. 완성논문을 위한 계획

논문이 완성되기까지는 논문을 위한 특별 오리엔테이션으로부터 시작을 하여 계획서를 작성하여 제출하는 것, 지도교수 선정이나 이후 주제의 선정 및 소제목을 달아 가는 모든 과정이 하나 하나 체크를 받으면서 진행이 되어져 가게 된다. 그때마다 하나씩 새로운 것들을 배워가게 되지만 그래도 전체적인 것의 나중은 어떻게 되는 것을 미리 알아 놓아야 한다.

적어도 석사나 박사학위의 논문을 작성하게 되면 하드커버의 몇 권은 비치용으로 제출을 해야 하고 또한 적지 않는 수량을 확보하게 되므로 차후의 비용 등이 졸업과 맞물려 있어서 적지 않은 부담을 안겨줄 수 있는 것이다. 따라서 도서의 구입으로부터 인쇄 작업까지 지난해에 졸업을 한 분들이 어느 정도 소요되었는가 등을 미리 알아놓는 것도 필요하다.

여기에 대해서는 세월 따라 등락이 있으므로 본란에서 확증하기는 어려운 것이므로 전년도에 이루어졌던 것들을 참고하는 것이 더 정확하다 하겠다.

상기와 같은 사항들을 한눈에 쉽게 볼 수 있도록 표(Table)로 만들어 두고 늘 시야 가까이 두면서 체크하여 나가면 논문작성의 기간이 매우 즐거운 기간으로 추억을 남겨 주리라 믿는다.

이제 머릿속의 계획이 구상되면 실질적인 자료의 수집과 함께 원고 작성을 위하여 펜을 들게 된다.

Ⅲ. 논문 작성의 실제

A. 논문작성의 진행과정

논문은 한 번에 써 내려가서 완성 본에 까지 이르는 것이 아니다. 작성자와 지도자 그리고 심사자 및 발표할 기관이 맞물려 있기 때문에 전체적인 조율이 요구되고 있는 것이다. 학교나 기관마다 특성이 있으므로 약간씩 차이는 있을 수 있으나 정통적인 과정을 보면 아래와 같은 절차를 거쳐 가면서 완성에 이르게 된다.

1. 논문작성을 위한 오리엔테이션 실시
2. 지도 교수의 선정
3. 논문 작성 안 제출(학생)
4. 논문 작성 중간보고(학생)
5. 논문 지도 개황 보고(교수)
6. 논문 제출 승인(교수)
7. 초고 작성(양식에 따라서)
8. 논문 심사
9. 탈락자 재심사와 판정
10. 인쇄와 제본
11. 논문 완성 본 제출

B. 논문의 사용 양식

1. 사용 용지는 80g/㎡의 백색 모조지(80모조) 또는 이와 동일한 백상지 로 한다.

2. 초고논문의 제출 시 용지는 A4 사이즈의 용지를 그대로 사용한다.

3. 논문 완성본의 크기는 표지가 가로 195mm × 세로 260mm(A4용지를 제본한 크기)로 한다.

4. 글자의 크기는 활판 타자의 경우 10포인트로 히고, 컴퓨터를 사용할경우 〈흔글〉의 글자크기 11로 하는 것을 원칙으로 한다.

5. 글자가 차지하는 면의 크기는 135mm × 210mm로 하되(페이지 표기 포함, 이 안에 배열되는 글자는 글자 간격 등을 조절하여 세로의 줄 수은 본문 기준 32줄 내외 가로 글자 수는 한글의 경우 38-40자(띄어쓰기 포함), 영문일 경우 76-80정도로 한다.

6. 글자 쓰기는 가로쓰기(횡서)를 하도록 한다.

7. 표기법은 현행 한글 맞춤법 통일안을 따르도록 한다.(부록 참조)

8. 인쇄는 오른쪽 한 면만 하도록 한다.

9. 각 장의 제목은 위로부터 12번째 줄에서 시작을 하되, 제목이 24자(영어의 경우 48자)가 넘으면 다음 줄로 이어서 기록을 한다.(이 경이우 윗줄 이 아랫줄보다 길게 하여야 한다)

9. 논문의 면수는 서론부분부터 학사학위 논문의 경우 30페이지 내외 석사학위의 경우 50페이지 내외, 박사학위의 경우 100페이지 내외로 한다.

※ 좀 더 편리함을 제공하기 위하여 편집용지의 양식을 맞추어 보면,
1. 용지의 종류: A4 용지사용,2. 용지의 방향: 좁게, 4. 줄간격: 160%
3. 용지의 여백

　위쪽 30.00mm,

　왼쪽 38.00mm,

　아래쪽 35.00mm

　머리말 20.00mm,

　오른쪽 38.00mm,

　꼬리말 10.00mm

C. 논문의 전체적 구성 양식

먼저는 논문이 전체적으로 어떤 양식의 틀을 지니고 있는가를 알아두는 것이 필요하다. 그래야 각 부분을 점진적으로 확대해 나가는데 유용하게 작용하기 때문이다. 일부 생략되는 것들도 있지만 여기에서는 모든 것을 포함하여 적기로 한다. 크게 나누어 보면

첫 번째는 서두 부문, 두 번째는 서론 부문, 세 번째는 본론부문, 이네 번째는 결론 부문, 다섯 번째는 참고문헌 부문이다.

〈이를 좀 더 세분화하면 다음과 같다.〉

1) 표 지(Cover)

2) 속 표제지(請求表紙, Title Page 1)

3) 지도교수 표기의 페이지(Title Page 2)

4) 논문인준 페이지(Approval Page)

5) 서 문(Preface 혹은 Declaration)

6) 감사의 글(Acknowledgements)

7) 목 차(Table of Contents)

8) 수표(數表) 및 도표의 차례(List of illustrations)

9) 약자(略字) 목록(List of abbreviations)

10) 용어 목록(Glossary)

11) 서 론 (Introduction)

12) 본 론(Main Subject)

13) 결 론(Conclusion)

14) 부 록(Appendix)

15) 색 인(索引, Index)

16) 참고 문헌(Bibliography)

17) 논문 초록(抄錄)(Abstract)

논문의 작성과정에서 보면 표지부터 만들어 가는 것은 아니지만 본서에서는 쉽게 이해하고 활용할 수 있도록 하며, 전체를 체계적으로 한 눈에 볼 수 있도록 하기 위하여 상기의 순서를 따라 내용을 전개하도록 한다.

1. 표지(Cover)의 작성

학사의 경우 소프트지(레자크지)를 사용하고, 석사와 박사의 경우 흑색 하드커버를 사용하며 표지면 인쇄는 금박으로 한다. 사용 크기와 구성은 다음과 같다. ()안의 글자크기는 흔글에서의 크기를 기준으로 한다. 글자의 위치는 아래의 기준으로 하되 약간의 오차는 인정한다.

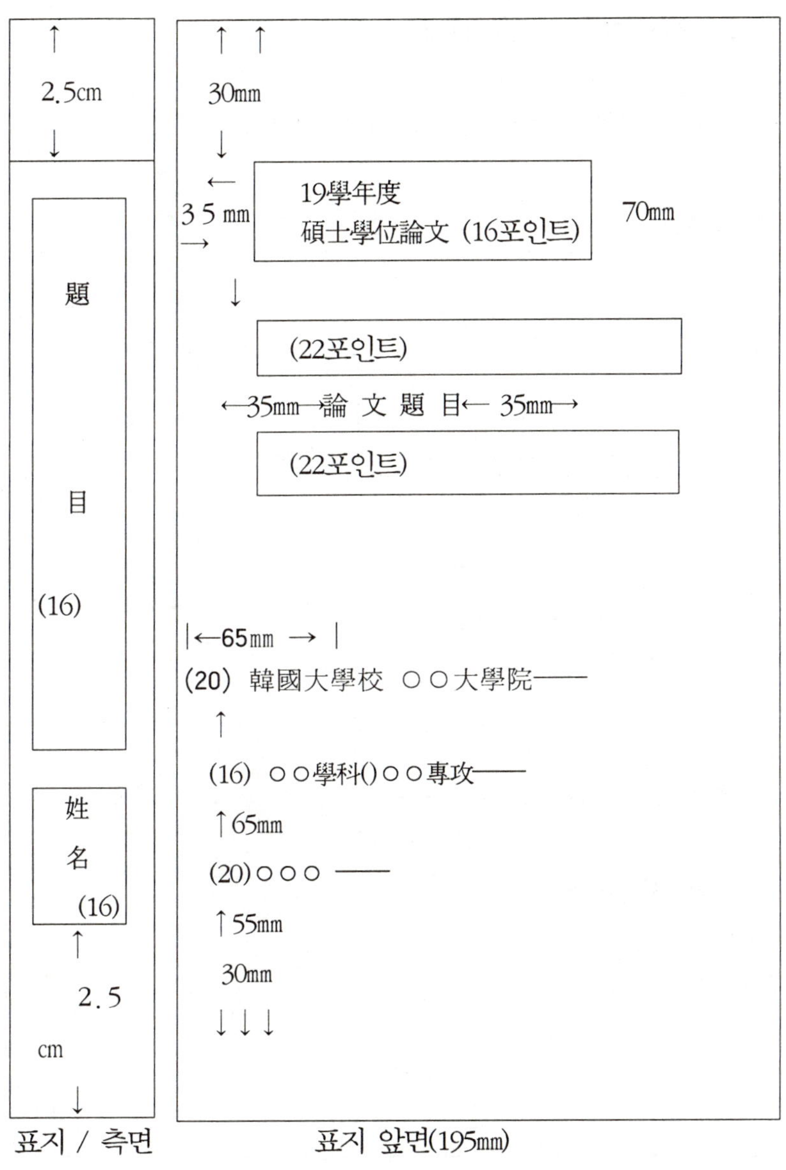

표지 / 측면   표지 앞면(195㎜)

2. 첫 번째 속표제지의 작성

여백의 간지 뒤에 삽입하는 것으로 겉표지와 동일한 모양으로 작성을
한다.

삽입지 크기 : (가로) × (세로) =182mm × 255mm

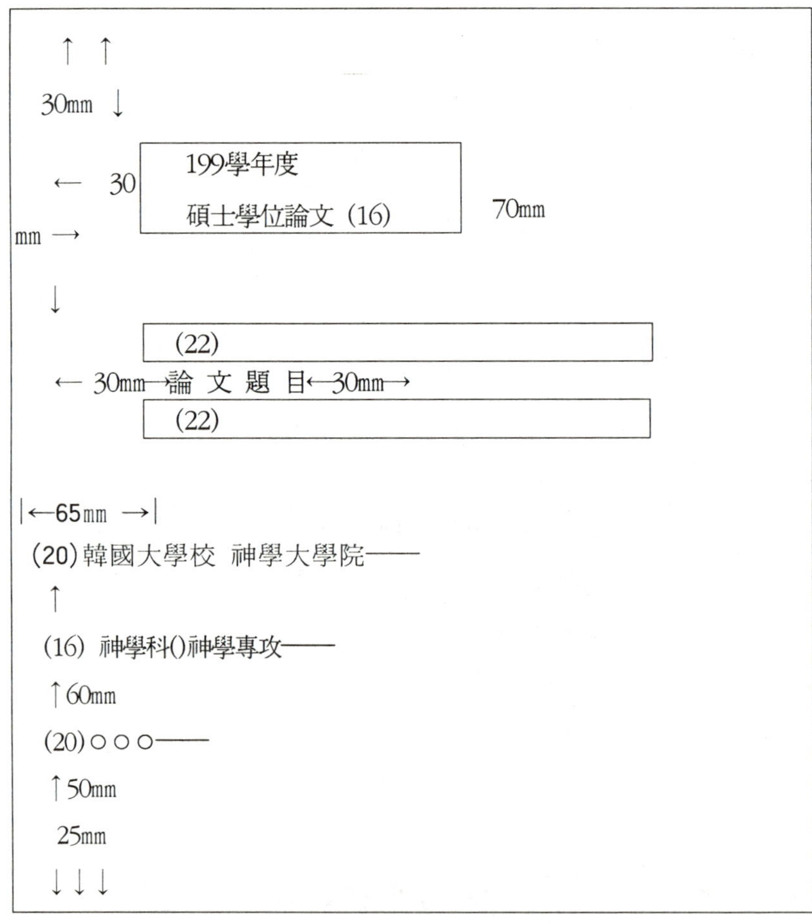

3. 두 번째 속표제지

지도교수를 표기한 표제지로 양식은 다음과 같다.

↑ ↑ 35㎜
↓
90㎜―論文題目 (22)

120㎜ ↓
 ― 指導敎授 ○ ○ ○ (16)

 ↓

 ― 이 論文을 碩士學位(Th.M.) 請求論文으로 提出함 (22)

―19年月日(16)
 ↑

95㎜

―韓國大學校神學大學院 (20)
 ↑
―神學科 ( )神學專攻 (16)
↑
55㎜ ○ ○ ○ (20)
45㎜ ↑
25㎜
↓ ↓ ↓ ↓

〈속 表題紙(請求表紙) 樣式〉

4. 논문 인준(認准) 페이지(Approval Page)

논문의 인준(통과 확인)을 받는 면으로 학사와 석사의 경우 심사위원으로 주심 한 분 부심 두 분을 넣으며, 박사학위의 경우 주심 한 분 부심 세 분을 넣어 심사를 받는 것이 일반적이다. 통과 사인(印)을 받는 것은 매우

```
↑ ↑
35mm
↓85
○○○의
神學碩士(Th.M.)學位  請求論文을  認准함.(16)mm


↓
←60mm→審査委員長(혹은  主審)인 ↑
20mm
審 査 委員(혹은  副審)인↓


審 査 委員(혹은  副審)인
(16)← 30mm →



─20年月日  (16)
↑
韓國大學校  神學大學院  (20)─
    70mm↑
30mm
↓ ↓
```

중요하며 보존용으로 지니고 있어야 한다. 양식은 아래를 따른다.

〈論文認准書 樣式〉

5. 서문(머리말, 권두언. Preface 혹은 Declaration)

머리말은 꼭 넣어져야 하는 의무사항은 아니나 논문의 특성상 본문에서 말하기 어려운 부분에 대하여 간략하게 논문의 의도 또는 일반적인 성격 등을 표기할 수 있는 부분이다. 그러나 유의할 것은 본문(Text)에서 전개되는 서론과는 다르다는 점을 기억해야 한다.

6. 감사의 글(Acknowledgements)

한국인의 정서 상 잊어버리기 쉬운 부분이 될 수도 있는데 외국의 서적들을 보면 책의 표지 다음 면에 그 저작된 작품을 〈○○에게 드립니다〉라는 식의 감사의 내용이 기록되어 있음을 흔히 발견하게 된다.

이를 좀더 확대하여 본 논문의 열매를 맺게 되기까지 학업에서 뒷바라지를 한 분들이나 학문의 진전을 위해 수고를 아끼지 아니했던 분들 특히 논문의 직접적 작성을 위해 땀흘려 주신 교수님들을 기억하며 고마움을 나름대로 표하는 면으로 활용을 하면 된다.

잠시 지난날들을 회상해 볼 수 있는 여유와 공간을 허락 받는 시간이 될 수도 있을 것이다.

글자의 크기는 본문의 글자크기보다 좀 더 큰 글자로 표기하여 시원하게 보이게 하는 것이 좋다. 또한 내용은 너무 길지 않도록 한다.

7. 목 차(目次, 차례. Table of contents)

논문의 목차는 전체의 내용을 한눈에 가늠해 볼 수 있는 시야를 확보해 주고 있으므로 뼈대와 같은 것이다. 일목요연하고 깔끔하게 표기가 되어 있을 때 전체를 쉽게 파악할 수 있도록 하는데 유익을 가져다주게 된다. 그래서 논문을 서서히 진행하여 나가는 중에도 전체를 바라볼 수 있는 요소가 있어야 하므로 목차가 완성되기 전에, 논문작성의 초기에서부터 임시목차(임시개요, Tentative Outline)를 작성하여 놓고 진행을 하게 된다.

이 임시개요를 뼈대 삼아 부분 부분들에 살을 붙여 가다보면 논문의 분량이 늘어감에 따라 모양이 형성되어 가게 되는 것이다. 목차의 배열은 한자어의 도입이나 한글조합 또는 영문조합에 따라 몇 가지 형태를 지닐 수 있다. 세분화되어 가면서 도입하는 구분언어는 다음과 같다.

첫째, 편(篇). 장(章). 절(節). 항(項). 목(目)

둘째, I. 1. 가. (1) (가) ① ②

셋째, I. A. 1. a. (1) (a) ① ⓐ i.로 표기

이러한 번호의 열거는 논문작성자가 한가지로 통일시켜야 혼란하게 되지를 않는다. 또한 소제목으로 세분화되어 갈 때마다 들여 쓰기를 하고 활자의 크기를 작은 쪽으로 조절을 해 나가야 한다. 이해를 돕기 위하여 표기해 보면 아래와 같다. 상기의 첫째, 둘째의 것을 가지고 사용할 수도 있으나 논문을 쓰는 그룹에서는 한쪽으로 일치시키는 것이 편리하다.

(셋째를 권함 : 서양에서는 한자나 한글표기를 알 수 없기 때문)

목차

※ 본론의 소제목이 많지 않을 경우 아라비아숫자만 사용하거나 영문 표기만 사용을 할
  수도 있다.

8. 수표 및 도표의 차례(List of illustration)

논문의 새로운 자료 제시나 통계 등을 구할 때 많이 사용이 되며 보조 자료로써 논리의 주장을 뒷받침하는데 유용하게 작용을 하는 증거들이 될 수 있다. 논문에 인용된 표나 그림이 숫자적으로 적을 때는 별도의 표시가 필요 없게 되지만 분량이 많아지게 되면 처음의 것부터
〈표1〉 표를 설명하는 요약 문구,
〈표2〉 표를 설명하는 요약 문구,
〈표3〉 ……하는 형태로 순서를 매겨가도록 한다.

또한 그림과 구분하기 위하여
〈그림1〉 그림을 설명하는 요약문구,
〈그림2〉 그림을 설명하는 요약문구,
〈그림3〉 ……등으로 표시하여 목차의 뒷부분에 별도로 페이지를 표시해 주면 찾기가 편리해 지고 복잡한 것들을 말끔하게 정리할 수 있게 된다.

9. 약자 목록(List of abbreviation)

반복적으로 사용이 되면서 사용량이 많은 경우 그것을 일일이 다 써 내려가는 것보다는 쉽게 이해가 되는 단축된 문자로 표기를 하면 여러모로 편리하게 된다. 그러나 약어의 표기를 앞에서 설명해주지 않으면 본문을 읽는 자가 이해하기 힘이 들므로 미리 알려주어 이해를 돕게 해

주는 것이다. 이를 한데 모아 목록으로 표기를 해 준다.

특히 길게 쓰여지는 지명이나 기관 명 또는 고유명사들에서 주로 사용이 되어지는 영역이다.

10. 용어 목록(Glossary)

특별하게 사용되어진 용어라든가 논문의 특성상 사용되어진 기호 등을 미리 표기하여 혼란이 없도록 하기 위해 설명해 주는 부분이다. 별도의 용어나 기호 기타의 사항들이 사용되지 않았다면 대부분 생략이 되는 분야이기도 하다.

11. 서 론(緖論, Introduction)

논문의 본문(Text)라고 하는 것은 이 서론으로부터 일컫는다. 그러므로 서론은 문을 여는 첫 관문인 만큼 다음과 같은 사항들을 인지하면서 기록을 하여야 한다.

a. 먼저 문제를 제기하고 가설(假說)을 제시하므로 시작을 한다.

b. 논문을 쓰고자 하는 의의와 목적을 분명히 밝혀주어야 한다. 즉 연구의 목표가 없는 것이라면 아무 소용이 없는 것이기 때문이다.

c. 논문의 취급범위(한계)를 알려 준다. 논문은 어느 한 분야에 집요하게 접근해 가는 것이기 때문에 백과사전처럼 나열되어 방대해지는 것은 본 목적을 상실하게 해 준다.

d. 본 논문주제와 근접하여 이미 다루어졌던 연구에 대한 역사와 현황을 요약 설명하고 비판한다.

e. 본 논문에서 사용하는 방법들을 설명한다. 즉 연구의 절차, 방법, 사용 되어진 도구 등을 알려 준다.

f. 특수 용어나 명칭 또는 기호 등이 있으면 이를 정의해주고 기본자료도설명을 해준다.

g. 서론은 본론 전개를 위한 관문이므로 너무 길지 않도록 하여야 하며 보통 1장으로 취급함을 원칙으로 한다.

h. 논문의 페이지 입력은 실질 페이지로서 이 서론의 첫 장이 1페이지가 된다. 이때는 아라비아 숫자를 사용하고 줄의 중앙에 오도록 표기하며 숫자의 좌우에 줄표를 사용한다.(혹은 우측 상단에 표기하기도 한다)

　(예 :-1-,-2-, -3- ……)

　서론의 앞부분은 속표제지도 한 페이지로 간주하나 이 부분에 있어서는 실제로 페이지 표시는 하지 않되 페이지로 계산을 하고 페이지 넣기는 머리말부터 표기를 하게 되는데 이때는 본문의 페이지와 구별하여 로마 숫자의 소문자를 사용한다.

　(머리말이 생략되어 있고 복잡해 보이는 경우는 차례로부터 - i -로 시작을 한다)

　(예 :- i -, - ii-, -iii- ……식으로 표기를 한다.)

12. 본 론(本論, Main Subject)

a. 서술 요령

(1) 본론은 주제를 논리적으로 전개해 나가는 논문의 중심부분이라는 것 을 염두에 두어야 한다.

(2) 객관적 사실들을 기초로 하여 일관성 있게 전개해 나가야 한다.

(3) 정리하여 분석한 자료들을 체계적으로 제시해 나가야 한다.

(4) 연구의 정확성이나 해석의 정당성을 논증하고 때로는 타인의 연구 결과와 비교하여 논의하고 비평을 하되 이면에 대해서는 특히 성실하면 서도 겸손해야 한다.

(5) 문체는 너무 길게 이어지지 않도록 하고 복잡성을 유도하는 것과 같은 인상을 주어서는 안 된다.

(6) 논문은 시나 수필이 아니므로 감상적이거나 서정적인 성격을 띠어서는 안 된다.

(7) 주제와 별로 관련이 없거나 필요이상으로 반복되는 언어들은 삭제 하도록 한다.

(8) 결론으로 이끌어 가는 논리의 전개가 명확해야하며 불분명한 언어나 추측 또는 상상에 기초를 둔 언어들은 제거해야 한다.

(9) 기록시 각 장의 시작은 전면의 일부가 남아 있더라도 새로운 다음 면에서 시작을 하도록 한다.

(10) 각주는 정해진 규칙을 따라서 정확하고 성실하게 기록하여 보는 이로 하여금 깔끔한 인상을 주도록 하여야 한다.

b. 원고작성 방법

주제에 대하여 연구한 내용을 문장으로 표현하는 것이 원고의 작성이다. 원고 작성 과정에는 다음 사항들을 유의하여야 한다.

(1) 글은 표준말로 기록을 하되, 맞춤법은 최근의 〈한글 맞춤법 통일
    안〉을 따르는 것을 원칙으로 한다.

(2) 본서에서는 200자 원고지 등 사용의 복잡성을 피하여 컴퓨터를
    사용한 원고 작성을 설명하므로 논문 작성시 컴퓨터를 활용하여
    시간과 여러 편리성을 도입하는 것에 기준을 두기로 한다.

(3) 타자의 방법 : 논문의 사용용지는 A4로 하되 다음의 사용규격에
    맞추어 실행하도록 한다.

킴퓨티 창에서 **[모양]**의 〈편집용지〉에서 다음과 같이 여백을 준다,

위쪽 : 30

아래쪽 : 35

왼쪽 : 38

오른쪽 : 38

머리말 : 20

꼬리말 : 10

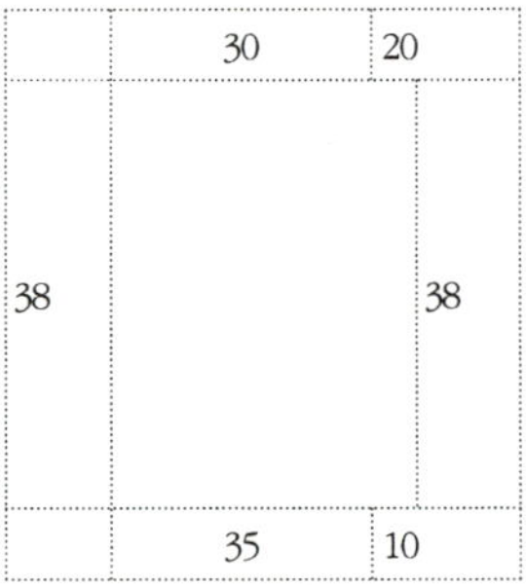

[모양 문단] 창에서

정렬방식은 〈혼합〉 혹은 〈왼쪽〉으로 설정을 하고

줄 간격은 160으로 조정을 한다.

앞서서 언급한 바와 같이 글자크기는 〈11포인트〉이고

글자체는 〈신신신명조〉로 한다.

새로운 제목과 함께 새로운 장을 전개할 경우 전면의 여백이 많이 남
아 있을지라도 다음 페이지로 넘어가서 타이핑을 해 가도록 한다.

c. 인명, 지명, 숫자의 사용

(1) 인명은 붙여 쓰고 두 자 성은 성을 붙이고 이름을 띄어 써서 구별을 해준다.

(2) 지명도 가능한 한 한글로 표기를 한다. 혹은 ()속에 한자나 영어 등을 표기해 주는 것도 무방하다.

(3) 숫자는 아라비아 숫자로 쓰는 것을 원칙으로 하되, 좀더 정확성을 유지하고자 할 때에는 ()속에 한글로 표기를 덧붙여 준다.

d. 부호의 사용

(1) 이음줄(-) : hyphen

이는 한글에서보다는 영어의 경우에서처럼 주로 한 단어가 같은 줄에 모두 쓸 수 없어 다음 줄로 이어질 때 끊어지는 단어 우측 끝에 표기해 주는 데 사용된다.

(2) 보탬 줄(··) : dash

 (a) 보탬 줄의 앞과 뒤는 간격을 두지 않고 이어 쓰기를 한다.

 (b) 주요 내용을 다른 용어들을 사용하여 강조할 때에 사용한다.

 (c) 한 용어를 반복적으로 여러 요소로 설명을 하고 있을 때 마지막 부분에 사용하여 다음 문장과 구별을 한다.

 (d) 인용문의 경우 글자가 빠진 부분을 표시할 때 보탬 줄을 두 개로 하여(····) 사용한다.

 (e) 한 단어 전체가 생략되었을 경우 세 개의 보탬 줄을 사용한다. (······)

(3) 꼬리 겹점 / 쌍 반점(;) semicolon

  (a) 밀접한 관계의 두 문장을 서로 대조시키면서 연결시킬 경우에
      사용한다.

  (b) 하나의 각주에 여러 문헌이 나열되었을 경우 문헌과 문헌 사이
      에 본 부호를 사용하여 구분을 할 수 있게 한다.

  (c) 연결되는 문장이 길어서 문장 내에 쉼표가 사용된 경우 활용을
      하는데 두 문장 사이에 접속사가 사용이 되었다 할지라도 본 부
      호를 사용한다.

  (d) 영문의 경우 문장의 부사(then, however, thus, hence, so,
      yet,hence)를 사용하여 두 문장을 연결시킬 때 사용한다.

  (e) 항목들을 연결할 때 구분을 명확히 하기 위하여 사용한다.

  (f) 항목 내에 다른 구두점이 있을 때 항목을 구별하기 위해 사용한
      다.(예, 마12:1-3; 5:5, 12; 7:7, 10)

(4) 겹 점 (:) colon

  (a) 성경책의 장과 절 사이, 시간표시의 경우 시와 분 사이, 주제와
      부 주제 사이, 문헌 참조 시 권 번호와 페이지 번호 사이, 출판
      지 명과 출판사명사이등에 사용이 된다.

  (b) 일련의 항목들을 이끌어 내는 표현의 다음에 사용이 된다.

  (c) 인용문 혹은 대화의 한 부분을 이끌어 내는 표현의 다음에 사용
      이 된다.

  (d) 연설문에서 의장 및 관중에 대한 호칭 다음에 사용이 된다.

  e. 괄호의 사용 : (), [],{}

괄호의 모양은 여러 가지를 도입할 수 있겠으나 대표적으로 둥근 괄호 ( ), 꺾임 괄호 [ ], 또는 활 괄호 { }로 나누어 사용한다.

  (1) 일반적으로 괄호를 시작할 때, 즉 (, [, {을 〈괄호를 연다〉라고 말하고 괄호를 마무리할 때, 즉),] ,} 표기를 〈괄호를 닫는다〉라고 말을 한다.

  (2) 둥근 괄호 안에 다시 괄호를 사용할 경우는 꺾임 괄호를 사용하고 꺾임 괄호 안에 또 다시 괄호를 사용할 경우는 활 괄호를 사용한다.

  (3) 외국어의 발음기호를 적을 때에는 꺾임 괄호를 사용한다.

  (4) 문맥상 필요한 경우에는 닫는 괄호 다음에 구두점을 찍는다.

f. 수표(Table) 및 도표(Figure)의 활용

수표는 통계 및 조사자료 등을 알기 쉽게 표로 작성한 것과 같은 류를 말하고 도표는 그림에 해당하는 종류 즉, 그래프, 차트, 도안, 사진, 지도 등을 일컫는다.

  (1) 글로 나타내려면 많은 분량을 요구하고, 그럴지라도 명확하게 내용을 전달하기가 어려울 경우에 자료로서 사용을 한다.

  (2) 논문작성을 위해서는 칼라를 사용하지 않고 흑백으로 다양하게 표현을 해 주도록 한다.

  (3) 사용되었을 경우마다 제목을 달아주고 번호를 매기며 근거를 밝혀주어야 한다.

  (4) 제목을 표 위에 표기할 때에는 대문자로, 아래에 표기할 때에는

소문자로 적는다.

(5) 수표나 도표는 그에 대한 설명이 있은 다음에 싣는 것이 좋고 면이 부족할 때에는 다음 면을 사용하도록 한다.

(6) 사용량이 많으면 논문이 어지럽혀질 수 있으므로 설득력 수준이 높은 것들만을 선정하여 게재하도록 한다.

(7) 〈표〉는 사용되어진 표의 상단에, 〈그림〉은 하단에 표기를 해주면 좋다.

〈표1〉 표 사용의 예

논문에 사용된

표

그림1〉 그림 사용의 예

논문에 필요한

그 림

g. 인용문의 활용

인용이란 타인이 쓴 글 중에서 일부를 끌어내어 활용한다는 뜻이다.

(1) 인용의 내용

인용은 그 내용적인 면에서 세 가지로 구분이 된다.

(a) **긍정적 인용** : 자신의 논문 주제와 관련이 있다고 보이는 타인의

글을 인용함으로 본인의 주장에 대한 타당성을 확보하는 것을 말한다.

(b) **부정적 인용** : 자기의 주장과 다른 타인의 논리를 끌어들여 자신의주장과의 차별화로 인하여 더욱 확고하게 정당성의 근거를 마련하고자 하는 인용의 방법이다.

(c) **종합적 인용** : 여러 학설이나 주장 및 견해들을 서로 비교하고 대조하여 봄으로써 자기의 주장하는 바를 전개해 가는 자료인용의 방법이다.

(2) 인용의 방법

인용의 방법은 직접인용, 간접인용, 재인용의 세 종류로 분류를 한다.

a) 직접 인용법

① 다른 사람이 쓴 원문을 그대로(철자, 부호 등도 포함) 수정 없이 복사하듯 옮겨 쓰는 것을 말한다.

② 충분한 가치가 있는 것으로서 원문의 표현이 아니면 적절한 표현을 찾기 어려울 때 사용한다.

③ 혹간 인용자가 수정을 원할 경우는 신중을 기하여 [ ]에 표기를 해 놓는다.

④ 법조문, 포고문, 수학이나 과학의 공식 등은 직접인용의 필수 대상이 된다.

⑤ 인용문이 문단의 처음에서 시작이 될 경우 첫 줄은 본문 좌측으로부터 4자를 띄고 시작을 한다. 영어의 경우는 8자를 띄운다.

⑥ 석줄 이내의 단문(짧은 인용)은 시작하는 곳과 문장이 끝나는 곳

에 따옴표(" ")를 하여 본문 중에 이어 쓰기를 하면 된다.

⑦ 그러나 특히 강조하고 싶은 인용문일 경우 단문이라 하여도 다른 줄로 줄바꾸기를 하여 쓰면 된다.

⑧ 긴 인용문은 줄바꾸기를 하여 쓰되 처음 시작부터 매 행마다 네 글자씩 들여 쓰기(영문은 8자)를 하며 우측 끝 부분도 네 글자씩 남겨두고 치도록 한다. 이때는 겹 따옴표를 사용하지 않는다. 단문의 경우도 특히 강조를 원하면 이 방법을 사용할 수 있다.

⑨ 활자의 크기를 본문보다 작은 크기로(1호 만큼 작게) 하여 표시하기를 바랄 때는 한 두 줄 내려서 쓰고 따옴표는 할 필요가 없으며 인용문 다음에 시작하는 본문도 한 두 줄 간격을 두고 시 작을 한다.

⑩ 두 줄 이상의 시구(詩句)나 성경구절은 따옴표 없이 원문대로 옮겨 적는다.

b) 간접 인용법

다른 사람의 견해를 풀이해서 내용을 전달하는 것을 목적으로 할 때 이용하며 인용부호를 사용할 필요는 없다. 그러나 원문의 내용을 확실하게 이해하고 표현해야 하며 각주를 달아준다.

c) 재 인용법

일차적인 인용을 참고할 수 없을 때 부득이 남이 인용한 것을 다시또 인용하는 것을 말하며 재인용임을 밝혀 주어야 한다.

(3) 인용시의 유의 점

(a)꼭 필요한 부분만을 인용해야 한다.

(b) 인용한 문장은 너무 장문이 되지 않도록 하며 너무 많이 인용하지 않는 것이 원칙이다. 논문은 자기의 학설을 논설하는 쪽으로 기울어야지 타인의 학설을 소개하는데 초점이 맞추어져서는 안 되기 때문이다.

(c) 타인의 인용을 재인용할 수도 있지만 가능하면 작성자가 직접 도입하는 것이 좋다.

(d) 아무리 사소하더라도 인용한 출처를 정확하게 밝히기 위해 인용부분 끝에는 각주번호를 달고 하단에는 이 번호에 따라 각주를 표기한다.

h. 주(註) 표기하기

논문에서는 인용하여 활용을 하였을 때 그 출처를 밝히게 된다. 이 출처를 밝혀 주는 것을 표기하는 것을 〈註〉라 일컫는데 논문의 양식에 있어서 내용 못지않게 중요한 부분을 차지한다.

(1) 주를 표기하는 목적

(a) 참고하고 인용한 출처를 밝혀주기 위함이다.

(b) 작성자가 논술하고 있는 내용의 정당성을 실질적으로 증명하기 위해 서이다.

(c) 본문의 내용을 더욱 풍부하고 확실해 지도록 하기 위해서이다.

(d) 본문의 규모를 간결하게 하고 충실한 모양새를 갖추게 하기 위해서이다.

(e) 본문 속에 일일이 적어 넣어야 하는 번거로움을 덜기 위해서이다.

(f) 논문내의 다른 여러 부분들을 쉽게 서로 연결해 볼 수 있게 하기 위해서이다.

(2) 註의 종류

(a) 기능과 목적에 따른 분류

① 참조주(參照註)

ⅰ. 참고, 인용한 자료의 출처를 밝힘으로써 논술하고 있는 바의 정당성 및 정확성을 입증하기 위한 것이다. 그러나 상식화되어 널리 알려진 사실에 대해서는 주를 달지 않는다.

ⅱ. 도용이나 표절 등의 시비를 없애고 독자로 하여금 쉽게 확인해 볼 수 있게 하기 위해 사용이 된다.

② 내용주(內容註)

ⅰ. 본문의 내용에 추가하여 설명을 덧붙일 필요성이 있을 때, 이것을 별도로 떼어서 처리하는 방법이다. 예를 들면 특수 용어나 전문어의 해설 등을 들 수 있다.

ⅱ. 논문이 완성되기까지 도움을 주었던 분들에 대하여 감사를 표시하고자 할 때도 사용이 되기도 한다.

(b) 표기 위치에 따른 분류

① 각주(脚註)

기록한 문장 중에서 주(註)를 필요로 하는 사항이 들어 있는 곳의 페이지 아랫부분에 주를 표기하는 경우로, 제작 상에는 어려움이 따르지만 독자들에게 여러모로 편리함을 안겨다주고 있어서 가장 많이 통용되는 방법이기도 하다. 본서에서는 이 각주에 초점을 맞추어 설명을 하기로 한다.

② 후주(後註)

문장의 장(章)이나 절(節)의 끝 부분 혹은 논문의 맨 끝 부분에 주(註)를 표기하는 경우를 말한다. 표기의 기본양식은 각주와 동일하다.

i. 각 주(Footnote)

각주의 표기는 학교나 지도교수의 방법에 따라 약간씩 달라질 수도 있으나 보편적으로는 다음과 같은 원칙을 따른다.

(1) 각주표기의 일반원칙

    (a) 사용하는 숫자는 아라비아 숫자를 사용하며, 각주번호는 중복되거나 결번이 생기지 않도록 하여야 한다.

    (b) 번호는 문장의 끝 부분이나 절(節)의 끝에 붙이되, 〈위 첨자〉를 사용하여 7) 혹은 (7)과 같은 모양이 되도록 하여 붙인다.

    (c) 또는 〈입력〉항목의 〈주석〉란을 활용하여 각주로 직접 들어가면 더욱 편리하다.

    (d) 인용의 출처를 밝히는 경우 각주번호는 인용부분의 맨 뒤에 붙이도록 한다.

    (e) 부호가 사용된 경우는 줄표(——)를 제외하고는 모든 구두점이나 사용된 부호 다음에 붙인다.

    (f) 성경을 인용할 경우의 각주표기

        ① 성경을 인용할 경우는 각주나 참고문헌에 넣지 않고 본문

중에서 바로 밝히도록 한다.

② 사용된 성경을 밝히되 이때는 약자를 사용한다.

(예, 개역, 공동번역, 새 번역, 현대인의 성경, KJV, NASB, NIV 등)

③ 사용되는 성경은 논문 전체를 통하여 동일한 한 종류의 것을 사용하는 것이 바람직하다.

④ 인용된 구절을 밝히는 성경의 책명은 약자를 사용하도록 한다.

(요3:16, 창3:15 등)

성경 책명의 약자는 아래와 같다. ()안의 표기는 한자어와 영문임.

구 약

* 모세오경

창세기 (創世記, Genesis)··········창 (創, Gen.)

출애굽기 (出埃及記, Exodus)·····출 (出, Ex.)

레위기 (利未記, Leviticus)········ 레 (利, Lev.)

민수기 (民數記, Numbers)········민 (民, Num.)

신명기 (申命記, Deuteronomy)···신 (申, Deut.)

* 역사서

여호수아 (約書亞記, Joshua)········수 (書, Josh.)

사사기 (士師記, Judges)············삿(士, Jdgs.)

룻 기 (路得記, Ruth)················· 룻 (得, Ruth.)
사무엘상 (撒母耳記上, 1 Samuel)···삼상 (撒上, 1 Sam.)
사무엘하 (撒母耳記下, 2 Samuel)···삼하 (撒下, 2 Sam.)
열왕기상 (列王記上, 1 Kings)········왕하 (王下, 1 Ki.)
열왕기하 (列王記下, 2 Kings)········왕하 (王下, 2 Ki.)
역대상 (歷代志上, 1 Chronicles)·····대상 (代上, 1 Chr.)
역대하 (歷代志下, 2 Chronicles)·····대하 (代下, 2 Chr.)
에스라 (以斯拉記, Ezra)················스 (拉, Ez.)
느헤미야 (尼希米記, Nehemiah)······ 느 (尼, Neh.)
에스더 (以斯帖記, Esther)······에 (斯, Est.)

* 시마서

욥 기 (約伯記, Job)················· 욥 (伯, Jb.)
시 편 (詩篇, Psalms)················시 (詩, Ps.)
잠 언 (箴言, Proverbs)············· 잠 (箴, Prov.)
전도서 (傳道書, Ecclesiastes)······ 전 (傳, Eccl.)
아 가 (雅歌, Song of Solomon)···아 (歌, Song)

* 대선지서

이사야 (以賽亞書, Isaiah)························사 (賽, Isa.)
예레미야 (耶利米書, Jeremiah)················ 렘 (耶, Jer.)

예레미야애가 (耶以米哀歌, Lementations)… 애 (哀, Lam.)

에스겔 (以西結書, Ezekiel)…………………… 겔 (結, Ezek.)

다니엘 (但以理書, Daniel)………………………단 (但, Dan.)

* 소선지서

호세아 (何西阿書, Hosea)………호 (何, Hos.)

요 엘 (約珥書, Joel)………… 욜 (珥, Jl.)

아모스 (何摩司書, Amos)………(摩, Am.)

오바댜 (俄巴底亞書, Obadiah)…옵(俄, Obad.)

요 나 (約拿書, Jonah)………… 욘 (拿, Jon.)

미 가 (彌迦書, Micah)………… 미 (彌, Mic.)

나 훔 (那鴻書, Nahum)…………나 (鴻, Nah.)

하박국 (哈巴谷書, Habakkuk)……합 (哈, Hab.)

스바냐 (西番峨書, Zephaniah)……습 (番, Zeph.)

학 개 (哈該書, Haggai)…………학 (該, Hag.)

스가랴 (撒迦利亞書, Zechariah)…슥 (亞, Zech.)

말라기 (瑪拉基書, Malachi)………말(瑪, Mal.)

신약

* 사복음서

마태복음 (馬太福音, Matthew)·········마(太, Matt.)
마가복음 (馬可福音, Mark)·········· 막 (可, Mk.)
누가복음 (路加福音, Luke)·········· 눅 (路, Luke.)
요한복음 (約翰福音, John)·········· 요 (約, Jn.)

* 역사서

사도행전 (使徒行傳, Acts) - 행 (徒, Acts.)

* 바울서신

로마서 (羅馬書, Romans)·····················롬 (羅, Rom.)
고린도전서 (哥林多前書, 1 Corinthians)··· 고전 (林前, 1 Cor.)
고린도후서 (哥林多後書, 2 Corinthians)··· 고후 (林後, 2 Cor.)
갈라디아서 (加拉太書, Galatians)··············갈 (加, Gal.)

* 옥중서신

에베소서 (以弗所書, Ephesians)········엡 (弗, Eph.)
빌립보서 (腓立比書, Philippians)······ 빌 (腓, Phil.)
골로새서 (歌羅西書, Colossians)········골 (西, Col.)
빌레몬서 (腓利門書, Philemon)········ 몬 (門, Phile.)

* 일반서신

데살로니가 전서 (帖撒羅尼迦前書, 1 Thessalonians)
······················살전 (帖前, 1 Thess.)
데살로니가 후서 (帖撒羅尼迦後書, 2 Thessalonians)
······················살후 (帖後, 2 Thess.)

* 목회서신

디모데 전서 (提摩太前書, 1 Timothy)······딤전 (提前, 1 Tim.)
디모데 후서 (提摩太候書, 2 Timothy)······딤후 (提候, 2 Tim.)
디도서 (提多書, Titus)························ 딛 (多, Tit.)

* 중간서신

히브리서 (希伯來書, Hebrews)··················히 (來, Heb.)

* 공동서신

야고보서 (雅各書, James)······················약 (雅, Jas.)
베드로전서 (彼得前書, 1 Peter)·········벧전 (彼前, 1 Pet.)
베드로후서 (彼得後書, 2 Peter)·········벧후 (彼後, 2 Pet.)
요한일서 (約翰一書, 1 John)···········요일 (約壹, 1 Jn.)
요한이서 (約翰二書, 2 John)···········요이 (約貳, 2 Jn.)
요한삼서 (約翰三書, 3 John)···········요삼 (約參, 3 Jn.)
유다서 (猶大書, Jude)····················유 (猶, Jude)

* 예언서

요한계시록 (啓示錄, Revelation)‥‥‥‥계 (啓, Rev.)

외경류의 표기

1 Kgdm. 2 Kgdm. 3 Kgdm. 4 Kgdm.Add.
Esth.Bal.Bel. 1 Esdr. 2 Esdr.
4 Ezra.Jdt.Ep Jer. 1 Macc. 2 Macc.
3 Macc. 4 Macc.Pr Azar.Sir.Sus.
Tob. Wis.

(2) 각주란(脚註欄)의 표기
  (a) 각주의 란(欄)은 각주번호가 표기된 것과 동일한 페이지의 아
      랫부분에 공간 즉 란(欄)을 확보해 놓는다.
  (b) 각주의 난은 본문의 마지막 줄에서 아래로 한 칸을 띄고 왼쪽
      으로부터 오른쪽으로 5㎝의 실선 줄표(──)를 그어 표시한
      다.
  (c) 각주의 번호는 본문에 표기한 번호와 반드시 일치되어야 한
      다.
  (d) 각주의 기록은 왼쪽으로부터 한글로 글자 셋(영어는 6자)을
      띄고 번호를 쓰며, 내용은 각주번호에서 one space를 띄고
      표기를 하도록 한다.
  (e) 각주의 첫 번째 줄이 너무 길어서 두 번째 줄로 내려오게 될

경우에는 둘째 줄은 본문의 왼쪽과 맞추어서 시작을 하도록 한다.

(f) 한 각주 번호에 둘 이상의 문헌이 표시될 경우 외국문헌의 경우 행(行)을 바꾸지 않고 쌍반점(;)을 사용하여 구분하며 이어 쓰기를 한다. 그러나 국내 서적의 경우 행을 바꾸어 표기하도록 한다.

(3) 각주의 표기 양식

각주의 표기는 논문의 작성에서 매우 중요한 부분을 차지하고 있다. 따라서 잘 익혀두어야 하고 실제 활용에서 일목요연하게 註를 달아주어야 혼란이 없고 참고하는데 유익하게 작용을 할 수가 있는 것이다.

각주의 표기 양식은 매우 복잡해 보이고 다양성을 지니는 것같이 보이지만 크게 나누면 첫째는 책과 같은 단행본의 경우이고 둘째는 지속적으로 발행하는 간행물로 나누어 생각할 수가 있다. 이 두 경우의 기입 순서는 아래와 같으며 또한 이에 대한 세부적인 사항을 이어서 설명하기로 한다.

첫째, 단행본(책)의 기입순서

1. 저자의 완전한 이름,

2. 책 명(册名),

3. 편자(編者)·편찬자(編纂者)·번역자(飜譯者)의 완전한 이름,

4. 총서명(叢書名)과 그 卷數,

5. 판차(版次), 〈재판, 3판 등〉

6. 출판사항(출판지 : 출판사, 출판년도),

7. 인용 또는 참고한 페이지 표기.

★ 부호(,) (:) 다음에는 한 스페이스 띄는 것이 원칙이다.

즉, 기본양식은 다음과 같다.

(∨표시는 한 스페이스 띄어쓰기 표시임)

∨∨∨번호)∨저자명,∨「책명」(출판지:∨출판사,
∨출판년도),∨PP. 페이지-페이지.

책명 다음에 출판사항이 나오지 않으면 ,을 찍고 한 스페이스 띔.

둘째, 간행물(또는 기사·논문)의 기입순서

1. 집필자의 완전한 이름,

2. 표제(標題)(혹은 기사논문의 경우 그 제목),

3. 간행물의 명칭(題名),

4. 몇 卷, 몇 號, 몇 面,

5. 발행 년월·일,

6. 인용 또는 참고한 페이지.

셋째, 특수양식

신문, 백과사전, 오디오, 비디오 등.

넷째, 단행본(책)의 표기 방법

(1) 저자 명,

① 기록순서는 동서양인을 막론하고 순서대로 적고 뒤에 쉼표(,)를 찍는다. 쉼표 다음에는 한 스페이스 띄고 다음 사항을 적는다.

    예) 鄭琦煥,   (동양인의 개인 명)

    Albert Einstein,   (서양인의 개인 명)

    * Einstein, Albert(성+이름)의 식으로 적으면 안 된다.

    * 또한 이름을 약자로 적으면 혼란이 올 수 있으므로 혼동의 염려가 없는 저명인의 경우를 제외하고는 완전한 철자를 모두 적도록 한다.

    A. Einstein으로 적지 말고 Albert Einstein으로 적을 것.

② 저자 명 표기는 표제지에 한글로 표기되었으면 한글로 기록을 하고 한자로 표기가 되었으면 한자로 표기를 하면 된다.

③ 저자가 2인 혹은 3인일 경우 모두 표기한다.

이때 동양인명의 경우 이름과 이름 사이를 점(·)를 찍어 구분을 하며, 서양인의 경우 2인일 때는 (and)로 연결을 하고 3인일 때는 쉼표(,)를 찍어 이름과 이름 사이를 구분하며 마지막 사람 앞에 (and)를 붙인다.

예) 정기환 · 이요한,

정바울 · 이삭 · 황반석,

Issac Newton and Albert Einstein,

Issac Newton, Abert Einstein and William Holden,

④ 저자가 4인 이상일 경우는 표제지에 기록된 이름들 중 맨 처음의 이름만 기록을 하고 뒤에 "외"자를 표기하며 서양인의 경우는 "and others" 혹은 "et al"을 붙여 준다.

예) 정기환 외,

鄭琦煥 外,

John Smith and others, 혹은John Smith et al.,

* 주의 : and others 및 et al 앞에 (,)를 찍지 않는다.

et al을 사용할 경우는 et alii의 약자이므로 끝에 (.)를 찍고 (,)표 기를 한다.

⑤ 단체가 저술의 책임을 지는 경우는 그 단체명을 기록한다.

예) 국제목회신학연구원, (한글명 기관)

American Library Association,(외국인 기관)

⑥ 필명 혹은 가명으로 저자가 되어 있는 경우는 필명 뒤에 [ ] 표기를 하고 본명을 밝히도록 한다.

예) 李箱 [金海卿,

Novalis [Friedrich Hardenberg],

⑦ 저자를 알 수 없을 때는 책명부터 적기 시작을 하면 된다. 그러나 다른 곳을 통하여 그 저자를 알게 되었을 경우는 [ ]속에 저자명을

적는다. 예)[정 요 한,

[John Paul],

(2) 책 명

① 책의 이름은 표제지(Title Page)에 기록된 것을 적고, 동양서적의
경우 책의 이름을 「 」로 묶는다. 서양서의 경우 서명에 밑줄을
긋거나 이탤릭체로 표기를 한다. 書名 다음에 출판사항이 오면
(,)를 생략하고 다른 것이 올 때는 서명 다음에 (,)를 찍어 표시
를 한다.

예) 정기환, 「성경개론」

　　　Bloom Harold,Victorian Fiction

　　　Bloom Harold,Victorian Fiction

② 부제목(Subtitle)은 본서명 다음에 겹점(쌍점)(:)을 찍고 이어서
적는다. (:)다음에는 한 스페이스 띄어서 표기한다.

예) 鄭 琦 環, 「創造의 文化: 現代社會와의 比較」

　　　Miller Barry, Words and Ideas: A Handbook for College

③ 본서명이나 부제목이 너무 긴 것은 뒤의 일부를 생략할 수 있으
며 이때는 줄임표(…)를 넣어 일부가 생략되었음을 알려준다.

예) William Samuel, The Richardson: A Bibliographical
　　　Record of His …

④ 서양서의 경우 알파벳의 대문자는 언제 쓰이는가?

ⓐ 영어문자 : 책명의 첫 글자와 끝단어의 첫 글자, 명사, 대명

사, 형용사, 부사, 동사는 대문자로 시작을 한다.
ⓑ 독일어문자 : 책명의 첫 글자 명사, 인명에서 파생된 고유 형용사의 경우는 대문자로 적는다.
ⓒ 불어문자 : 책명의 첫 글자와 고유명사, 단 고유명사에서 파생된 형용사는 소문자로 표기한다.

(3) 편자(編者), 편찬자(編纂者), 飜譯者)의 표기

① 원저자의 표기 없이 편자(editor)나 편찬자(compiler)만이 기록되어 있는 경우 저자의 경우와 동일한 방법을 취하나 단, 이름 뒤에 "편(編)"자를 넣어 책명 앞에 표기한다. 영어의 경우는 "ed" 혹은 "comp"를 넣어 원저자와 다름을 표시해 준다.

예) 鄭琦煥 編,(한자 표기의 경우)

　　 정기환 편,(한글 표기의 경우)

鄭琦煥 · 李要漢 編,(2인이 편자일 경우)

鄭琦煥 · 金思朗 · 李福童 編,(3인이 편자일 경우)

James Henry, ed.,(서양 1인의 경우)

James Henry and John D. Smith, eds.,

(서양 2인의 경우 : ed의 복수형인 eds로 표기함을 유의할 것)

James Henry, John D. Smith and Price Martin, eds.,(서양 3인)

James Henry and others, eds.,(4인 이상 other을 활용할 때)

James Henry et al., eds.,(4인 이상 et al을 활용할 때).0

* comp.를 사용할 때도 동일함

James Henry, comp., (1인일 경우)

James Henry and William H. Daniel, comps., (복수형일 때)

* 약자 표기 참고

ed. = editoreds. = editors

comp. = compiler comps. = compilers

② 저자와 편자가 다를 경우

동양 : 저자명, 도서명, 편자명 편,

서양 : 저자명, 도서명, ed.편자명, 의 형식을 취한다.

예) 金弘集, 「金總理遺稿」, 鄭寅普 編,

Allen Walter, The Novel To Day, ed. Thomas Kimbel,

* 편자가 복수일 때에는 저자명의 복수형을 기록할 때와 동일하다.
다만 영문의 경우 ed.는 editor가 아니라 edited by의 뜻이므로 여
러 명이 편자로 되어 있을지라도 eds.로 쓰지 않고 ed.로 표기를
하면 된다.

③ 번역자의 표기

동양: 저자명, 도서명, 역자명 역,

서양: 저자명, 도서명, trans. 역자명, 의 형식을 취한다.

예) 錢 穆, 「中國歷史精神」, 秋憲樹 譯,

　　Ernest W. Burton, Syntex of the Moods and Tenses in
　　New Testament Greek, 정기환 역,
　　Ernest W. Burton, Syntex of the Moods and Tenses in
　　New Testament Greek, trans.James Baker,

* 번역자가 복수일 때에는 저자명이 여럿일 때 기록한 것과 동일한
방법을 사용한다. 다만 영문의 경우 trans.= translated by이므로
transes.로 적지 않고 오직 trans.로 적으면 된다.

* 원저서보다도 번역서에 초점을 맞추고 있을 경우는 번역자 명 (혹
은 편자의 경우 편자 명)을 앞에 내세운다.
　예) 鄭泰燮 譯, 「論語孟子」,

　　Alexander Pope, ed., The Worker, by Ezra Pound,

(4) 총서(叢書:Series) 및 질책(帙册)의 표기 방법

① 총서(Series)

총서란 지속적으로 발행되는 여러 권의 단독도서를 말한다. 이 단독
도서는 고유의 도서명을 지니고 있다. 이때는 책명 다음에 쉼표(,)를 표
기하고 총서 명을 표시한다. 영어의 경우는 vol.을 써서 나타낸다.

예) 김일선, 목회학개론, 개혁주의 신학총서, 제5권

　　李進善, 韓國敎會史槪論, 上卷, 韓國神學叢書, 第7輯,

　　Alkon Paul, Fictional Time, Univ. of Georgia, vol.4, no.5

　　Henry Miller, The Poetics of Sexual Myth: Gender and Ideologyin the Verse of Swift Pope, Women in Culture and Society Series

* 이 때 총서명에는 「 」의 표기나 밑줄 등은 쓰지 않는다.

② 질책(帙冊)의 표기 방법

질책이란 한 저작이 분량이 많아서 여러 권으로 나누어 구성한 책을 말한다. 「이광수 전집」이나 「김소월시선」과 같은 류 들이다.

이 때는 「 」의 표기 또는 밑줄을 긋거나 이탤릭체를 사용한다.

ⓐ 단체명일 때

　예) 연세대학교어학연구소 편, 「한국어역사대계」, 3: 「언어의 발달사」,

ⓑ 필자가 한 사람인 경우

　예) 김소월, 「김소월전집」, 제2권,

　　　한경직, 「설교집」, 제5권,

Brown Julia, Social Change, 3 vols.

Max Byre, Evolution and the Genetics of Population, vol.4,Variability within and among Natural Populations,
　ⓒ 질책의 편자와 각 책의 필자가 다른 경우

예) 구상, 「그분이 홀로서 가듯」, 「홍성현 대신앙전집」, 제3권, 홍성현 편,
The Complete Work of Samuel Taylor Coleridge, ed. W.Shedd,vol.2, Aids to Reflection,

(5) 판 차(版次)의 표기 방법

　판차라 함은 그 책을 몇 번째 출판하는 것인가를 나타내는 것으로 다음과 같은 규정을 따르는 것을 원칙으로 한다.

① 초판인 경우에는 표기하지 않으며 다음 판부터는 표기를 한다.
② 다음 판의 경우 재판, 제3판, 제4판, 혹은 개정판(rev. ed.=revised edition), 증보판(enl. ed.=enlarged edition), 개정·증보판(rev. and enl. ed.)등으로 표기를 한다.
③ 판차(版次)는 쇄차(刷次)와는 다르다. 판차는 이전에 출판한 것과 내용상에 있어서 변동이 있거나 인쇄상의 변화가 있을 경우에 표기를 하는 것이고 쇄차는 이전에 출판한 것과 동일하지만 더 많은

보급을 위해 다시 인쇄를 할 경우를 나타낸다. 따라서 이 경우 몇 판(版) 몇 쇄(刷)하는 식으로 표기를 한다.

④ 영인본(影印本), 복각물(復刻物), 페이퍼백판(paperback edition) 등은 출판 사항에 포함시키므로 ()속에 넣어서 표기를 한다.

예) 鄭琦煥, 「世宗實錄」 (影印本, 서울: 기독교연합출판, 1998),

* 영인본 : 원본을 사진이나 기타 다른 방법으로 복제한 인쇄물을 말한다.

* 개정판 : 전에 출판한 책의 내용을 개정(고쳐서 정정함)하여 출판한 책을 말한다.

* Paperback : 잡지나 논문 등을 연도별로 또는 어느 한정된 기간동안의 것들을 모아서 묶어 놓은 책을 일컫는다.

(6) 출판사항의 표기 방법

전체를 ()안에 넣어서 출판지, 출판사, 출판 년도의 순서로 기록을 한다. 여기에서 출판지를 쓰고 겹점 즉 쌍점(:)을 표기하고, 출판사를 기록한 뒤에는 쉼표(,)를 찍어 준다.

예) (서울: 참사랑, 1992),

① 출판지

ⓐ 출판사의 본사 소재지를 의미하는데 도시명만 밝혀주면 된다. 대개의 경우 발행을 표기해 주는 면에 나타나 있으므로 이를 참조하

면 된다.

ⓑ 출판지를 알 수 없을 때에는 출판지불명(出版地不明)이라고 표기
를 하면 된다. 서양서의 경우 no place의 약자인 n.p.으로 표기를
한다. 이 때 n.p. 다음에 출판사가 표시되면 (:)을 찍고 출판 년도
가 오게 되는 경우는 (,)를 찍는다.
  예) (n.p.: Charmsalang Press, 1992),
     (n.p., 1992),

② 출판사

ⓐ 출판사 명칭에 붙는 "도서출판", "주식회사" "사단법인"등의 것들은
생략을 한다. 서양서의 경우 출판사명 앞에 붙는 "The"라든가 끝
에 붙는 "Inc.,"라든가 "Ltd.,"등은 생략을 한다.

예) 도서출판 참사랑은 '참사랑'으로
   주식회사 교보문고는 '교보문고'로
   Cambrige Press는 ;Cambrige;로
   South & North Company, Ink는 'South & North Company'로 적
   는다.

ⓑ 한 책을 두 출판사가 공동으로 출판을 하였을 경우 두 출판사를

모두 적어도 무방하다. 이 때 출판사와 출판사 사이에는 (;)으로
표기를 하여 출판사를 구분하여 준다.
예) 출판지와 출판사가 모두 다른 경우

  (London: Oxford; Seoul: Charm Press, 1998),

 출판지가 같은 경우

  (London: Oxford; Cambrige Press, 1922),

ⓒ 단체명이 편자이자 곧 출판사 이름으로 되어 있을 때는 다음과 같
  은 간단한 방법을 취하여도 된다.
  예) 국제목회신학연구원 편, 「세계기도정보」 (서울: 同연구원출판
    부,1998),

ⓓ 출판사명이 밝혀져 있지 않은 경우 발행소 불명(發行所不明)이라
  표기를 한다. 서양서의 경우 no publisher의 약자인 n.p.으로 표
  기를 한다.
  이 n.p.은 출판지 불명과 약자에 있어서는 동일하므로 출판지와
  출판지가 동시에 불명인 경우는 한 번만 표기하면 된다.
  예) (n.p., 1998),

③ 출판년도

ⓐ 출판년도는 저작권 년도를 표기하는 것으로 보편적으로 판권지에

표기가 되어 있다. 서양서의 경우 Copyright, 1945(혹은 C 1945) 등과 같이 표기가 되어 있다. 연도가 여러 개로 함께 나와 있을 때에는 최근의 것을 택하여 기록하면 된다.

ⓑ 여러 해에 걸쳐서 발행이 된 것은 최초와 최후의 출판 년도를 기록하되 줄표(-)로 연결하여 표기를 한다.

　예) 국제목회신학연구원 편, 「세계기도정보」, 3冊, (서울: 동연구소 출판부, 1996-98),

ⓒ 출판년도를 알 수 없는 경우는 no date의 약자인 n.d.로 표기를 한다.

(7) 페이지의 표시 방법

① ( )속의 출판사항 다음에 쉼표(,)를 찍고, 인용하거나 참고한 페이지를 표시하되 아라비아 숫자로 표기를 하며 그 뒤에 마침표(.)를 찍으면 된다.

② 단면으로 인용이 되었을 경우는 p.55.등과 같이 하고 여러 페이지에 걸쳐서 인용이 되었을 경우는 pp.55-57.과 같이 표기를 한다.

다섯째, 둘째, 간행물(또는 기사·논문)의 기입순서

간행물의 경우 아래와 같은 순서를 따라 기입하게 된다.

1. 집필자의 완전한 이름,
2. 표제(標題)(혹은 기사논문의 경우 그 제목),

  3. 간행물의 명칭(題名),

  4. 몇 卷, 몇 號,

  5. 발행 년·월·일,

  6. 인용 또는 참고한 페이지.

(1) 집필자의 이름

집필자명 다음에 쉼표(,)를 찍으며 요령은 단행본의 경우와 동일하다.

(2) 표제(標題)

표제에는 끝에 쉼표를 찍고 동서양서 모두 따옴표로 묶는다.

즉 ","와 같이 한다.""와 같은 형식은 잘못된 것이다.

이다만 표제가 〈?〉로 끝이 날 경우는 쉼표를 생략하도록 한다.

(3) 간행물의 명칭

단행본과 동일한 방법을 사용한다. 즉 동양서의 경우 「 」에 넣어표기하고 서양서의 경우 이탤릭체로 표기 하든가 혹은 밑줄을 그어 나타내면 된다.

(4) 권수의 표기

권수와 호수의 표기는 제 몇 권, 제 몇 호와 같은 형식으로 표기를 하며 몇에 해당하는 숫자의 표기는 로마자 등을 피하고 아라비아 숫자로 기록을 한다. 서양서의 경우 숫자 앞의 vol.은 생략하고 숫자만 표기 한다. 호수는 no.다음에 숫자를 표기하면 된다.

(5) 발행일

전문잡지의 경우 몇 권·몇 호를 표기하지만, 많이 알려진 잡지는 권
호가 나타나 있더라도 생략을 하고 발행 연월일만을 밝히면 된다. 이때
는 단행본처럼 ( )속에 묶어 두지 않는다.

서양서의 경우 일·월·년의 순서를 따라 적는다.

(6) 페이지 넣기

페이지는 한 면의 참고 경우 p.33.과 같이, 복수면일 때는 pp.15-17.
과 같이 표기하도록 한다.

여섯째, 셋째, 특수양식

특수양식의 경우는 세세한 설명을 생략하고 종류별로 직접 기록 양식
을 예시하여 줌으로써 복잡함을 피하고자 한다. 세밀히 관찰하여 논문
작성 시 참고하기를 바란다.

(1) 신문기사(Newspapers)
　　「朝鮮日報」, 1998.3.2, p.3.
　　New York Times, 12 May 1995, sec.3, p.7.

■ 발행지 표기시

　Irish Daily Independent(Dublin), 5 August 1994.

■ 집필자 명이나 표제를 밝히고자 할 때

　정진엽, "천일야화,"「조선일보」, 1996.7.5, p.10.

　Rhee John, "The Voices of Youth," New York Times, 15 May1995, sec D, p.3.

　"기독인구와 한국교회의 과제,"「국민일보」, 1997.8.4, p.7.

　"A New Area Link,"Korea Times, 12 June 1985. sec. 5, p.3.

(2) 백과사전류(Article in Encyclopedias)

(a) 필자 명이 없는 경우

　「성서백과사전」(서울: 성서간행사, 1987), 3:75-77, s.v."칼빈주의"

　Encyclopedia Americana, 1987 ed., s.v. "Reformed."

(b) 편저자 명이 있는 경우

　金政泰編,「세계대백과사전」(서울: 文語閣, 1965), s.v."부흥운동."

　John Stone, Encyclopedia of the Arts (London: London Library,1932), s.v. "African Native Art." by James Peter

(3) 강연강의(Lecture)

鄭琦煥教授 講演, "詩의 研究," 1996.5.20.

(4) 음악(Music)

(a) 출판된 보표(譜表)

Wolfgang Amadeus Mozart, Don Giovanni, libretto by Lorenzo da Ponte, English version by W.H. Auden(London and Seoul: Sejong, 1995), p.76.

(b) 미 출판 譜表

Ralph Shapey, "Partita for Violin and 15 Players," Score, 1996, Special Collections, Holland Library, University of London, London.

(5) 미술작품(Works of Art)

Peter John, Reflection of Dipper, oil on canvas, 1934, Jew Museum, Amsterdam.

(6) 비디오(Videorecordings)

Itzak Perlman, Itzak Perlman: In My Case Music, produced and directed by Tony DeNonno, 12 min., DeNonno Pix, 1998, videocassette.

(7)라디오 및 TV 프로그램

鄭琦煥, "바이블 코드에 관하여,"텔레비전방송, 서울: 기독교텔레비전방송국, 1997.10.17.

j. 두 번째 이후의 각주 표기

(1) Ibid., (2) idem. (3) op.cit., (4) loc.cit. (5) 간략형

각주를 계속 기록해 가는 경우에 있어서 이미 앞에서 사용되어진 문헌을 두 번, 세 번 또는 그 이상을 반복해서 사용을 하게 될 때 그때마다 각주의 완벽한 기본양식을 취하면서 적어간다는 것은 많은 수고와 힘을 들여야 할 것이다. 따라서 이러한 수고를 조금이라도 덜기 위하여 사용되는 것이 있는데 이 양식이 바로 Ibid., idem., op.cit., loc.cit. 이다.

그러나 기록상의 편리함은 있으나 앞의 참고문헌을 찾아내는 데는 자칫 어려울 수도 있어서 Ibid. 이외의 것은 점점 사용을 절제해 가는 경향이 있다. 그럼에도 논문의 각주양식에서 이미 사용되어져 있기 때문에 알아두어야 할 사항이기도 하다.

(1) Ibid.

(a) Ibid.는 라틴어 ibidem(ibaidem - 같은 곳)의 약자이다.

(b) 의미는 동일한 곳(= in the same place)이라는 뜻을 지닌다.

(c) 이는 바로 앞에서 사용한 것과 〈동일한 저자의 동일한 책〉에 대하여 사용하고 인용하고 있을 때 사용을 하는 문자이다. 따라서 중간에 다른 저술이 있을 경우는 사용할 수 없다. 그러나 몇 페이지를 건너 띈 경우라도 다른 각주만 없으면 사용할 수가 있다.

(d) ibid 뒤에는 마침표(.)를 찍어주어야 한다.

(e) 과거에는 ibid라는 글자를 이탤릭체로 적었으나 현재에는 이탤릭
    체로 적는 것보다 평상체로 적는다.

(f) ibid가 각주 번호 바로 다음에 이어 쓰게 될 때는 대문자로 시작
    한다.

    ibid. → Ibid.

(g) Ibid.는 저자명이나 책명과 함께 사용되지 않는다.

(h) 동양서적의 경우 Ibid.대신에 상게서(上揭書) 또는 전게서(前揭
    書)라고 표기하기도 한다.

예) 앞의 숫자는 논문작성자가 붙이는 일련번호임.

<table>
<tr><td align="center">본   문</td></tr>
</table>

----

(12) John Muller, The Uses of the Past(London: Oxford Press, 1960), p.15.

(13) Ibid.

(14) Ibid., p.33.

(15) Peter Samuel, History Begins(Seoul: Charm Press, 1978), p.55.

본　　　문

----

(16) Ibid., pp.55-57.
(17) Muller, op.cit., pp.33-35.

설명

- 각주(13)는 바로 앞의 것(12)과 동일한 저자(John Muller)의 동일한 책(The Uses of the Past)일 뿐만 아니라 페이지(p.15)도 동일함을 의미한다.
- 각주(14)는 바로 앞의 (13)을 가리키는 것이기 때문에 페이지만 다른 것을 의미한다.(앞의 것은 p.15 (14)의 것은 p.33을 말함)
- 각주(15)는 다른 인용문헌을 기록하고 있다.
- 각주(16)는 논문의 본문 페이지가 바뀌어서 기록이 되어 있지만 바로 앞의 인용문헌 (15)와 같으나 페이지만 다른 것을 의미한다.
- 각주(17)은 각주(12)에서 인용한 것을 다시 가리키는 것으로 이때 중간에 다른 주(15)가 있으므로 ibid.를 사용하지 못한다. 따라서 op. cit.를 사용한다.

(2) Idem

(a) Idem(aidem)은 "=the same /같은 저자"의 뜻으로 id.의 약자로
사용하기도 한다.

(b) 저자는 동일하나 책이 다를 경우에 활용을 한다. 즉 Idem은 사람
을 지칭 할 때 사용을 하는 것이다.

(c) Idem은 약자가 아니기 때문에 글자 뒤에 (.)을 찍지 않는다.

(e) Idem은 Ibid.와 마찬가지로 이탤릭체로 적을 필요가 없다.
예) (18) 정기환, 성경개론(서울: 참사랑, 1996), p.70.
(19) Idem, 제자의 길(서울: 엠마오, 1998), p.78.

• 각주 하나에 동일저자의 다른 책이 동시에 인용되었을 때
(20) 鄭琦煥, 성경개론(서울: 참사랑, 1996), pp.50-53.;
idem, 제자의 길(서울: 엠마오,1998), p.56.

(3) op. cit.

(a) 라틴어 opere citato의 약자형(ap-sit)으로 in the work cited의 뜻
(앞서 인용한 책 중에)을 지닌다.

(b) 기록시 (.)를 op 다음에, 그리고 cit 다음에 찍어 주어야 한다.

(c) 상기에서와 마찬가지로 이탤릭체로 적을 필요는 없다.

(d) op. cit.는 앞에서 이미 인용한 저술을 다시 인용할 때에 사용을
하게 되는데 인용하고자 하는 것 다음에 다른 주가 끼어 있어서
ibid.을 사용할 수 없을 때에 사용한다.

(e) op. cit.를 사용할 때에는 저자명과 페이지가 항상 따라 붙어야

한다.

    예) (21) 鄭琦煥, 「聖經槪論」 (서울: 참사랑, 1996), p.78.

         (22) 朴俊緒, 「指導者論」 (서울: 기독문화사, 1976), p.77.

         (23) 鄭琦煥, op.cit., p.98.

설명

각주(23)은 각주(21)을 가리키는데 중간에 (22)가 끼어 있으므로 ibid. 를 사용하지 못하고 op. cit.를 사용하는 것이다.

(f) 앞에서 동일저자의 책이 둘 이상 인용이 되었을 경우는 op. cit.를 사용하면 어느 것을 가리키는지 알 수가 없으므로 이를 사용해서는 안 된다.

    예) (24) 鄭琦煥, 「聖經槪論」 (서울: 참사랑, 1996), p.97.

         (25) 한경직, 「기독교란?」(서울: 영락교회출판부, 1965), p.65.

         (26) 鄭琦煥, 「信條學」(서울: 한글, 1998), p.89.

         (27) 한경직, op. cit., pp.54-56.

         (28) 鄭琦煥, op. cit., pp.35-37.

설명

상기에서 각주(28)은 (24)를 말하는 것인지 (26)을 말하는 것인지 알 수가 없다. 이때는 op. cit. 대신에 책명이 삽입되어야 한다.

(4) loc. cit.

(a) 이는 라틴어 loco citato의 약자형으로 in the place cited의 의미

를 지닌다.

(b) 이탤릭체로 쓰는 것보다 평상체로 쓰도록 한다.

(c) ibid.처럼 단독으로 사용하기도 하고 op. cit.처럼 저자명과 함께 사용하기도 한다.

(d) 동일한 저자의 동일한 페이지를 가리킬 때 사용한다. 따라서 페이지 숫자는 기록을 하지 않는 특성이 있다.

    예) (29) Harrison, A study of Korea Poetry(Saipan, Hall Press,1978), p.99.

        (30) Loc.cit.

        (31) T.S.Eliot, On Poetry(London: Truth, 1955), p.109.

        (32) Harrison, loc.cit.

설명

주(30) 및 (32)의 ioc. cit.는 (29)의 p.99.를 의미하는 것이다.

(5) 간략형

여기에서는 ibid., idem, op. cit., loc. cit.등을 사용하지 않고 처리하는 경우이다. 저자의 성과 책명 그리고 페이지만을 표기하는 방법이다. 이때 책명은 줄여서 사용하여도 된다.

(a) 한 저자의 한 자료만 사용되고, 그것이 처음 인용된 후 곧 바로 나오지 않고 나중에 다시 인용될 경우 저자명과 페이지만 기록을 해도 된다.

    (서양인명과 일본인명은 성만을 기록함)

- 한경직, p.34.
- Berkhof, p.133.

(b) 한 저자의 자료가 두 종류 이상 사용이 되고, 두 번째 인용이 될 때부터는 저자명(서양인명의 경우 성)과 책명(단축된 이름) 그리고 페이지만 적어도 된다.

- Evans, The Flowering of the Middle Ages (London: Oxford,1988), p.109.
- Frederick, Classical Texts (Washington: Gordon Press, 1923), p.456.
- Evans, Middlle Age, p.45.

13. 결 론(Conclusion)

작성자의 독창성과 확신이 집약되어 있어야 하는 부분으로 논문을 총결산하는 장(章)으로 논문의 요약이자 매듭 되는 부분이기도 하다. 따라서 독자가 이 부분과 함께 표제의 부분만을 읽어 본다 해도 논문작성자의 의도와 심중을 헤아려 볼 수 있도록 결론은 매끄럽게 매듭지어져 있어야 하는 것이다.

이를 위하여 다음과 같은 요령으로 결론을 지어 가면 유익하다.

첫째, 연구의 주요 목적에 따른 결과가 명백하게 나타나도록 한다.

둘째, 본론을 통하여 전개해온 모든 사실들이 압축되고 일목요연하게 집약되도록 한다.

셋째, 본 논문을 계속 발전시킬 수 있는 미래에 대한 연구전망, 즉
  계속 연구하여야 할 과제에 대해서도 언급을 해 주어야 한다.
넷째, 근거가 확실하지 않은 주관적 주장이나 시(詩)나 수상적(隨想
  的)인 것과 같은 감상적 표현은 바람직하지가 못하다.
다섯째, 결론의 분량은 너무 짧아서도 무리가 오며(한 페이지도 안
  되는 분량), 너무 길어져서 무엇을 말하고자 하는 것인지 혼
  란을 가져오게 해서도 안 된다. 보편적으로 2페이지에서 3-4
  페이지 정도로 하면 무난하다.

14. 부 록(附錄 : Appendix)

부록은 본론의 란에 삽입하여 처리하는 것보다 뒤에 일괄적으로 모아
처리하여 쉽게 볼 수 있도록 하되 실제적인 가치가 있는 것들만을 첨가
해야 한다. 부록의 목적은 본문에서의 번잡함을 피하게 하고 내용을 간
결하게 정리하기 위하여 사용되어지는 것이라는 것을 염두에 두어야 한
다.

즉 본문과 관련을 짓고 있는 보충자료들인 사본이나 실험결과의 자료
들 통계 처리한 수표나 도표 그리고 법조문, 지도 등을 들 수 있다. 또
한 중요한 원전들을 포함시킬 수가 있는데 부록을 별도로 작성할 경우
는 이러한 것들의 분량이 적지 않을 경우이며 몇 개 되지 않는 짧은 분
량의 것이라면 본문에서 처리하는 것이 편리하다.

그리고 결론과 쉽게 분리하기 위하여 색지를 사용하여 보기 좋도록
부록의 면을 만들기도 한다.

부록에서 처리하는 자료에 대하여는 논문작성자가 임의로 알아보기 간단하도록 시작하는 앞부분에 깔끔하게 정리한 순서를 표기 놓으면 된다.

15. 색인(索引 : Index)

a. 색인의 목적은 본문에서 기술한 것들 중에서 중요한 사항을 쉽게 찾아보게 하는데 있다.

b. 색인은 논문의 분량이 많고 복잡한 경우에만 필요로 하지 논문 자체를 뒤적여 보아도 금방 어느 부분에 있는 것인가를 확인해 볼 수 있을 때에는 필요로 하지를 않는다.

c. 색인의 항목을 만들 때에는 사전과 같이 가나다순으로 혹은 A B C 순으로 만들어 놓는다.

d. 색인을 작성하기 위해서는 자료를 수집할 때 작성해 놓은 카드를 활용하면 좀 더 시간 절약을 하면서 쉽게 만들 수가 있다.

16. 참고문헌 목록(Bibliography)

참고문헌의 항목은 기록상 논문의 뒤 부분에 자리를 하고 있기 때문에 논문을 모두 작성을 하고 마지막 즈음에 정돈하는 일부로 생각하기 쉽지만 실제에 있어서는 논문의 시작 단계로부터 인용하고 참고하는 자료들이므로 가장 먼저 주시해야 할 사항이다.

a. 참고문헌의 의미

(1) 넓은 의미에서 볼 때 :

참고라는 이미지가 조금이라도 참고한 것이라면 모두 포함되는 것 같은 인상을 주지만 참고문헌의 목록(書目)에 포함시키는 것은 논문의 주제와 직접적으로 관련이 있는 것들만을 수용하는 것이다. 따라서 이 때는 의미상 선택된 주요참고문헌(selected bibliography)의 뜻을 지닌다.

(2) 좁은 의미에서 볼 때 :

작성된 논문에 실지로 언급된 것들만을 선별하여 문헌 난에 삽입한다고 하면 의미상에 있어서는 인용문헌(works cited)이라는 뜻을 지니게 된다.

(3) References :

논문을 집필하는 과정에서는 서적들 뿐 만이 아니라 강의, 강연, 방송 대담 혹은 개인적인 면담과 같이 비 문헌의 자료들까지도 포함이 될 수 있으므로 이때는 어법 상 References가 좀더 적절하다. 그러나 우리말에서는 이에 대한 또 다른 적절한 언어가 없으므로 모두 참고문헌(參考文獻)이라는 것으로 통일하여 사용을 하고 있는 것이다.

b. 참고문헌의 선정

(1) 준비작업

일차적으로는 연구의 목적을 포괄적으로 한꺼번에 볼 수 있는 시야의 확보가 요구된다. 그리고 이에 접근해 가기 위하여 관계된 자료들을 생각하게 되는데 또한 이를 충분히 소화해 내고 이해하여야 하기 때문에

적지 않은 시간이 필요하다고 볼 수 있다. 이에 대하여

(a) 자료에서 사용되어진 용어들의 의미를 확실하게 이해하여야 한다. 이를 위해 사전의 사용이 불가피하며

(b) 구와 절의 단락들을 정확하게 이해할 수 있어야 한다.

(c) 문단을 요약해 가며 각 장들을 짧게 압축하여 볼 수 있어야 한다.

(e) 궁극적으로 한 권의 책이라도 한 문단으로 요약하여 활용할 수 있는 정도로 이해의 도를 높여야 하는 것이다.

이러한 작업을 위해서는 서적과 자료들을 분석하기 위한 적정한 공간의 활용이 요구된다. 그렇지 않으면 산만하여 마음의 정돈이 되지 않고 외적인 나타남도 마찬가지가 되기 쉽다.

(a) 서적들을 대하기에 적절한 장소로서 참고 카드들을 분석할 수 있는 곳.

(b) 서적들을 대하기에 마음이 안정되고 편안한 맑은 시간.

(c) 규칙적인 계획 속의 독서.

(d) 적당한 운동과 휴식의 필요성 등이 감안되어야 한다.

(2) 자료의 우선적 평가

세부적으로 들어가기 전에 우선 전체적인 평가가 요구된다. 그렇지 않으면 쓸모도 없는 자료에 매달려 시간을 낭비하고 노력을 쏟아 부어야 하는 헛된 수고가 될 수도 있기 때문이다.

다음의 사항들을 먼저 염두에 두면 유익하다.

(a) 저자에 대하여

해당 분야에 있어서 권위 있는, 그래서 객관적 인정을 받고 있는 사람인가를 살펴보아야 한다. 참고·인용을 하는 이유는 본인이 주장하는 바에 대하여 확실한 인증을 위한 자료를 확보하는 것이므로 무절제한 사람들에 의한 자료들을 들어 나열하는 것은 의미가 없게 된다.

(b) 출판사에 대하여

신용 있는 믿을 만한 출판사의 자료인지 알아보아야 한다. 혹간 이단 사설에 노출되어 있거나 외적으로는 잘 분별이 안 되면서도 유사종교에 접촉되어 있는 경우도 허다하기 때문에 신중을 기해야 할 요소이기도 하다. 잘못된 학설이 본인의 주장을 뒷받침해 준다는 것은 위험천만한 일인 것이다.

(c) 출판 연도에 대하여

역사성을 요구하는 자료 이외에는 가장 최근의 것들을 활용하는 것이 바람직하다. 이미 새로운 학설들이 주장되고 있음에도 지난 학설이 최근의 것인 양 사용된다면 쓸모없는 낡은 논문으로 전락하고 말게 된다.

(3) 자료의 세부적 평가

방대한 자료들을 처음부터 모두 다 읽어보고 결정할 수는 없다. 그러므로 우선적인 면이 살펴지면 좀 더 세부적인 면으로 접근을 해보고 자료로서 활용을 하면 된다.

(a) 자료와의 관련성에 대한 정보는 서론 부분을 보면 감지할 수가 있다. 여기에는 목적과 사상과 전개의 방향이 담겨져 있기 때문이다.

(b) 자료의 문체를 더듬어 전문적인 것인지를 살펴본다.

(c) 각주의 표기와 참고문헌이 있는가를 보고 정확한 틀을 갖추고 있
는가를 눈여겨본다.

(d) 가치와 신빙성을 지닌 최신의 것인지를 파악한다.

(e) 원본인가 번역본인가 아니면 일차 자료인가 이차 또는 그 이상의
자료인가를 살펴야 한다. 게다가 번역본의 경우 번역자가 믿을만
한 인물인가도 살펴야 한다.

(4) 참고문헌 목록의 기록양식

이 부분은 논문이 마무리 될 즈음에 전체적인 것을 순차를 따라 작성
하여 기입을 하게 되겠지만 서적들 및 기타 자료들이 도입될 때마다 체
계적으로 미리부터 해 놓으면 전체를 한 눈에 바라보는 데에도 유익하
고 또한 그 안에서 자료를 꺼내며 카드를 작성할 때에도 쉽게 활용을
할 수가 있게 된다. 그러므로 기왕이면 처음부터 양식을 따라 작성해
놓도록 하는 것이 좋다.

그리고 참고문헌은 자신이 활용하는 자료이기도 하지만 논문의 뒤편
에 일괄적으로 작성을 해 놓는 것은 본인이 타당성을 주장한 입증의 자
료들을 독자에게 알려 객관적 신빙성을 유지하는데 있다는 것도 잊지
말아야 한다.

(a) 각주와의 다른 점

① 각주는 한 저술의 정보출처를 밝히는 부분적 성격을 지니나 참고
문헌은 그 출처에 대한 총체적인 정보를 제공한다.

② 논문 작성자는 독자와 달리 참고문헌을 통하여 각주의 바탕을 만

들게 된다.

③ 각주에서는 연속적인 의미로 맨 끝에 한번만 (.)를 찍지만 참고 문 헌은 독립적인 의미로 각 부분에서 (.)을 활용한다.

④ 각주에서는 인용된 부분의 페이지가 표시되어야 하지만 참고문헌 에서는 표시하지를 않는다.

⑤ 서양문헌에 있어서 저자명의 기입순서가 특별히 다르다.

각주에서는 이름 뒤에 성을 기록하지만 참고문헌에서는 성을 적 고 이름을 적는다. 이는 참고문헌을 일괄적으로 기록할 때 A B C 순서로 배열하고자 하는데 목적이 있다.

(b) 참고문헌 기록의 방법

참고문헌과 각주의 기입순서는 동일하다. 따라서 여기에서는 각주와 다른 점을 주로 서양서를 중심으로 설명을 하고자 한다. 다른 사항들은 각주의 양식을 참조하면 된다.

① 저자 명

이름 다음에 (.)를 찍는다. 서양인명의 경우 성(姓:last name)을 앞에 놓은 후 (,)를 찍으며 그 뒤에 이름(名:first name)을 적고 (.)을 찍는다. 그러나 이름이 initial(머리문자)로 되어 있어서 (.)이이미 사용되어지는 경우는 마침표를 사용하지 않도록 한다.

〈각주의 표기〉   〈참고문헌의 표기〉

　　David Blewett,   →   Blewtt, David.

Willian Sydney Porter,	→	Porter, Willian Sydney.
Robert A. Colby,	→	Colby, Robert A.
E. A. Horsman,	→	Horsman, E. A.

• 저자가 둘 혹은 그 이상 일 때

John D. Ford and Michael Hawk→Ford, John D., and Hawk, Michael.

Edward G.Paul, John F. James, and Harry Stone,

→ Paul Edward G. ; James John F. ; and Stone Harry.

〈여러 명이 나열될 때는 쉼표보다 쌍반점(;)을 활용하는 것이 바람직하다〉

② 도서명

도서명 다음에 마침표(.)를 찍는다. 부서명(副書名)이 있을 때에도 생략하지 않고 기록을 한다.

「 」묶음표기는 지도교수에 따라 생략을 허용할 수도 있다.

③ 편저자(編著者) 및 역자명(譯者名)

이 경우 서양인명의 기록은 姓 ·이름이 아니고 이름 · 姓의 순서로 적는다.

〈각주〉 John David, The world of His Novels, ed. A.G. Andrew

〈참고〉 David John. The world of His Novels. Ed. A.G. Andrew.

　　　* ed.와 Ed의 차이점 그리고 (,)과 (.)의 차이점을 유의하라.

　　　* 번역판의 경우 Ed. 대신에 Trans.로 적는다.

④ 판 차

판차 표시 다음에도 역시 (.)를 찍는데 바로 앞에도 (.)가 있기 때문
에 시작하는 문자를 대문자로 시작을 해야 한다.

〈각주〉 Gillian Beer, George Eliot, rev.and enl. ed.

〈참고〉 Beer Gillian. George Eliot. Rev.and enl. ed.

(Rev.and enl. ed.는 개정·증보판을 의미함)

⑤ 출판사항

각주에서는 출판사항을 전체로 하여 ()로 묶어 놓지만 참고문헌에서
는 ()표시가 없으며 마침표(.)로 마감을 한다.

〈각주〉〈참고문헌〉

(서울: 동서문화사, 1995),→서울: 동서문화사, 1995.

(New York: Harvard Press, 1998), →New Yok: Harvard Press, 1998.

⑥ 여백주기(Indention)

각주는 원칙적으로 좌측기선에서 5내지 6자를 띄고 시작하고 둘째 행
으로 바뀔 때는 좌측기선에 맞추어 시작한다. 그러나 참고문헌은 이와

는 반대로 기선에서 시작을 하고 둘째 줄에서는 5내지 6자(10-12 스페이스)를 들여 쓴다.

〈각주〉

James R. Baker, G. Bon, and H. Thomas, James Joyce's Dubliners (London: Wadsworth,1988), pp.55-59.

〈참고문헌〉

Baker James R.; Bon G.;and James H. Thomas. James Joyce's Dubliners. London: Wadsworth, 1988.

⑦ 참고문헌에서는 상기에서 지적한 바와 같이 페이지는 기입하지 않는다.

(5) 참고문헌의 순서배열

(a) 참고문헌의 숫자가 많지 않을 경우는 저자 이름의 순서를 따라 기록을 한다.

(b) 숫자가 많을 경우는 국내문헌과 외국문헌, 그리고 간행물과 논문 등 은 별도로 분류를 한다. 이때의 기록 순서는 국문의 문헌경우는 가나 다 순서로, 외국 문헌의 경우는 알파벳순으로 적는다.

(c) 저자명의 가나다순 혹은 알파벳순으로 기록을 하다보면 한 사람의 저술이 둘 이상 일 경우가 많다. 이 때 두 번째 이후의 기입은

저자명은 약 2㎝(영문 8글자) 정도를 가로 실선으로 그어서 마침
표를 찍고 저자명을 대신한다.

예) 鄭琦煥. 「제자의 길」. 서울: 성화중앙교회출판부, 1997.
────. 「신조학」. 서울: 예수문서선교회, 1998.
Brewster, Dorothy. Virginia Woolf. New York Univ. Pr.1965.
────────.Virginia Woolf. Univ. of Nebraska Pr. 1987.

(d) 동일한 한 사람으로서 저술한 것, 편찬한 것, 공동으로 저작한 것
    등을 동시에 참고했을 경우는 저작물 →편찬물→공동저작물 순으
    로 배열한다.

이 때 편찬물의 경우는 실선을 위와 같이 사용하되 실선 다음에는 마
침표가 아닌 쉼표(,)를 찍고 編者를 넣은 다음 마침표(.)를 찍는다. 영어
의 경우 編者 대신에 ed.를 넣는다. 그러나 공저의 경우는 실선을 사용
하지 않고 이름을 모두 넣어서 기록하도록 한다.

예) 鄭琦煥. 「聖經槪論」. 서울: 참사랑, 1996.
────. 「敎會生活의 指針」. 서울: 성화중앙교회출판부, 1996.
────,編. 「信條學」. 서울: 성서교재간행사, 1995.
鄭琦煥·金磐石·李正植. 「지도자론」. 서울: 국제목회신학연구원,1998.

(6) 참고문헌의 활용

참고문헌이 처음부터 모두 수집이 되는 것은 아니다. 논문을 진행해 나가는 과정에서 추가로 도입이 되기도 하고, 열심을 내어 활용은 해보지만 불필요한 영역으로 확인되어 다시 목록에서 빼어 버리기도 한다. 다만 참고문헌들이 어느 정도 확보가 되면 필요한 자료들을 뽑아 볼 수 있는 근거는 마련한 셈이다.

이제는 논문을 전개해 나갈 수 있는 기틀이 마련되었으므로 이를 어떻게 유용하게 활용할 것인가에 초점을 맞추어야 한다. 참고문헌에 대한 설명상 본서의 뒤에서 이 문제를 다루고는 있으나 이 분야는 논문의 초기에 접근되어야 하는 과정이기도 하다.

여기에서는 방대하게 수집되고 분석되어야 하는 자료들을 쉽게 처리할 수 있도록 카드의 사용법에 맞추어 설명을 하기로 한다.

〈조사 카드의 준비와 정리〉

훌륭한 자료의 근거지를 찾았고 또한 수집하여 놓았다 하더라도 이 정보들을 체계적으로 정리하여 문맥을 형성하며 기록하여 가는 것은 여간 어려운 일이 아닐 수 없다. 노트를 활용하면 보존에는 편리하나 전체를 정리하는 데는 불편함이 따른다.

그러나 카드는 찾고 검색하는데 매우 편리할 뿐만이 아니라 그곳에 담긴 내용들을 조합하는데 능률적이고 정리하고 편성하는데 특히 유용하게 사용될 수가 있는 이점이 있다.

① 카드의 크기는 7.6cm x 12.7cm 또는 20cm x 12.5cm의 크기 정도로 하 되 한 종류로 통일을 시키는 것이 좋다.

② 참고문헌의 카드는 색깔로 쉽게 구분되도록 한다.

③ 한 장에는 한 가지 사항만을 기록하며 한쪽 면만을 사용한다. 분량이 넘칠 때에는 새 카드에 계속 이어가고 한데 묶어서 흩어지지 않도록 하여야 한다.

④ 기록은 지워지지 않는 잉크나 볼펜을 사용한다.

⑤ 기록 방법은 알아보기 쉽고 정확성을 기하도록 한다. 시간이 흐르면 자신의 것이라도 나중에는 혼돈이 올 수도 있기 때문이다.

⑥ 약자나 약어의 사용은 가능하면 피하되 부득이 사용할 경우 전체에 걸쳐 통일성이 있어야 한다.

⑦ 카드에 기록할 사항 세 가지

ⓐ 표제어(Heading) : 본문의 내용을 살피며 표제어를 설정하여 카드의 오른쪽 상단에 본문의 색깔과 다르게 적어 알아보기 쉽도록 한다.

ⓑ 본문(Text) : 여기에는 대개의 경우 4가지가 사용된다.

 ⅰ. 직접인용

원문을 있는 그대로 옮겨놓은 것을 일컫는다. 인용문에 따옴표(" ")를 사용하여 표시해 놓고, 혹간 원문에서 틀린 것이 있다 하더라도 그대로 옮겨 놓는다. 이때는 그 말 다음에 [sic]("원문대로임")이라고 표기를 해 놓는다. 만약 원문을 생략하여 인용할 경이우 문장의 중간에서 생략을 할 때는 3개의 점(…)을 찍고, 문장의 끝에서 생략을 할 때는 4개의 점(……)을 찍는다.

 ⅱ. 요약

원래의 의미가 변질되지 않는 범위에서 원문을 압축하여 요점만을 적어 놓는 방법이다. 압축의 분량은 한 페이지를 반으로 줄일 수도 있고 불과 몇 단어로 요약을 할 수도 있다.

iii. Paraphrase

원문과 비슷한 분량의 범위에서 원문의 뜻을 다른 언어로 바꾸어 표현해 놓는 것을 말한다. 다만 이는 원문을 해석하는 것이 되어서는 안 되고 원문을 재현하는 것이 되어야 한다.

iv. 논평

요약카드와는 좀 다른 성격으로 참고자료를 비평하여 기록하였다가 사용하는 방법을 말한다.

ⓒ 전거(典據 : source)

매 카드마다에 자료의 출처를 기록해 놓는 것을 가리킨다. 자료 수집시 어떤 방법으로 기록할 것인가에 대해 망설여 질 때는 일단은 원문 그대로 옮겨 놓고 차후에 적절히 활용하는 것이 유익하다. 카드는 정리하기 쉽도록 하는 하나의 방편이므로 저자명과 책의 페이지를 기록해 두는 것으로도 족하나 참고문헌의 카드번호를 곁들이면 차후에 더욱 편리해지게 된다.

17. 논문초록(抄錄 : Abstract)

a. 논문에서의 위치 선정

자연계의 논문이나 학회지의 논문집 등에서는 차례 다음 서론 앞에 오도록 하는 경향이 있다. 그러나 학사 석사의 논문에 있어서는 논문의 끝 부분에 위치하도록 하는 것이 좋다. 앞부분의 여러 절차와 혼란을 피하면서 논문의 요약 분으로 확실하게 보일 수 있기 때문이다.

초록을 작성함에 있어서의 기본요건은 다음과 같다.

(a) ABSTRACT 아래에 序題(논문의 제목)을 적고 그 우측 아래에 성명, 학과 또는 전공명, 학교명을 적는다. 줄을 바꾸어 그 아래부터 ABSTRACT 본문을 적어 나간다.

(b) 본문이 국문인 경우는 영문으로 작성을 하고, 영문인 경우는 국문으로 작성을 한다.

(c) 내용은 논문의 전체를 요약한 집약 문이어야 한다.

(d) 간명한 요약문으로 문장이 정확하게 잘 다듬어져 있어야 한다.

(e) 조항으로 열거하지 말고 산문형태의 서술형식을 지녀야 한다.

(f) 용어나 기호 등은 학계에 공인된 것만을 사용하여야 한다.

(g) 참고한 내용이나 인용문은 사용하지 말아야 하며 독창적인 주장만을 제시하도록 한다.

(h) 각 문단이 새로 시작되는 첫 낱말은 한 음절 들여 쓰기를 하여 쉽게 알아볼 수 있도록 한다.

(i) 분량은 5페이지 이내로 간결하게 처리를 한다.

b. 논문의 교정(校正)과 마지막 손질

컴퓨터가 발달하기 전의 과거에는 논문을 작성하는 과정과 손질하는 절차가 매우 복잡했고 처리해야 하는 문제들에 있어서 많은 시간을 들여야 하는 까다로움이 있었다. 진행하는 절차들에 있어서도 예식화되어 있다시피 하였고 그 순서를 따라서 모든 일들을 정리해 갔다.

그러나 현대에는 직접 컴퓨터에 의해 작성이 되고 정정하며 정리를 해가기 때문에 지난날과는 비교할 수 없을 만큼 모든 면에서 단순화되었고 쉽게 진행해 갈 수 있게 되었다.

그럴지라도 보편적 진행과정은 일치하므로 여기에서는 이에 따른 과정을 약술하고자 한다.

지료의 수집이 어느 정도 진행되면 논문을 직접 작성해 가게 되는데 이때 진행하는 논문을 일명 초고(草稿)라고 부른다. 논문의 초벌원고이자 처음 작성하는 원고인 것이다. 이제 전체적인 윤곽을 바라보면서 뼈대에 조금씩 살을 붙여 가는 과정이라고 볼 수 있다.

원고지를 고집하던 지난 과거에는 원고지 작법 등을 세심하게 익히고 시작을 해야 했다. 이에 대한 부담을 조금이라도 덜기 위하여 처음에는 일반 노트 등을 활용하여 작성을 하기 시작하였다. 그러나 지금은 직접 컴퓨터를 활용하여 편집규격만 맞추고는 직접 타이핑을 해 가면 된다. 그럴지라도 초고에서는 완전한 논문의 형태가 아니기 때문에 각주나 도표 참고문헌 등은 들어갈 공란을 만들어 놓고 표기해 놓는 것만으로도 족하다. 그러나 나중에 복잡해질 것을 고려하면 아예 처음부터 문맥에 삽입을 하면서 진행을 하여도 무방하다.

논문의 형태가 제 구실을 하게 하기 위하여 계속 반복적으로 살펴보면서 잘못된 부분이나 어색한 부분을 손질해 가겠지만 초고의 정정(訂正) 과정은 제일 먼저 해야 할 일이다. 이때는 다음과 같은 면을 중점적으로 체크해 보면 매우 유익하게 된다.

 1. 초고의 정정

 a. 문맥의 흐름 : 문맥의 흐름이 자연스럽게 흐르고 있는지 껄끄러운 부분이 있는지를 살핀다. 이때는 순서에 따른 내용을 연관 지어 보도록 한다.

 b. 어색한 문장의 개정 : 문장의 구조, 문법 등이 정도를 벗어나고 있으면 즉시 최선의 것으로 바꾸어 준다.

 c. 누락부분 : 중요사항이 누락되었으면 늦기 전에 그 때 그 때 그 사항을 입력한다.

 d 취약점 보완 : 설명을 더욱 요구하거나 보충자료가 필요한 부분을 찾아낸다.

 e. 삭제부분 : 불필요하게 붙여진 부분들을 탈락시킨다.

 f. 논지의 일관성 : 주제와 내용이 논리적이고 합리적으로 되어 있는지, 일관성이 있는지를 살핀다.

 g. 교량 : 한 주제에서 다음의 주제로 넘어갈 때 자연스러워야 하며 갑작스런 비약 즉 전혀 다른 내용으로의 급변화가 있어서는 안 되므로 그런 굴곡이 보이는가를 지적해 보도록 한다.

 h. 앞부분에서 전개를 한 내용들이 뒤에서도 번복되고 있는지 그런 면이 발견되면 위치를 잘 선정하고 한 부분은 생략을 하도록 한다.

 2. 초고의 정서(淨書)

초고를 다듬는다는 것은 작성할 때마다 발견되는 오류의 부분을 수정하고 변경을 거듭하면서 모양새를 갖추는 작업이다. 이러한 과정을 거듭하다보면 타이핑되는 원고는 틀을 갖추어 가게 되고 이제는 초고의 심사를 받기 위하여 깨끗하게 다듬는 정서의 과정을 거치게 된다. 차후 심사에 통과하여 인쇄에 들어가기 전 다시금 마지막 손질의 과정을 밟는다 하여도 초고의 정서는 일단은 최종원고(最終原稿)의 모습을 갖추게 되므로 좀 더 신중을 기하면서 수정할 준비가 되어 있어야 한다.

　이때는 기록의 정확성에 대한 재검토로 고유명사의 부분이나 숫자, 인용문 등에 좀 더 세밀한 체크를 하도록 한다.

3. 최종원고의 손질

a. 인쇄에 맡기기 직전의 과정이므로 더욱 중요하다.

b. 조판과정에서 뒤섞이는 일이 없도록 페이지의 순서를 재검토한다.

c. 빠진 글자나 오자가 없는지 살펴보고, 인용문헌의 배치에 신경을 쓰도 록 한다.

d. 표와 그림 등의 위치선정과 필요부분이 제대로 삽입되어 있는지를 검토한다.

e. 본문의 각주 번호와 각주 난의 번호가 일치하는지를 살핀다.

f. 문장에 사용된 구두점등을 세밀히 보고 뒤의 참고문헌 순서를 다시금 살펴보도록 한다.

g. 인쇄시 필요한 지시사항을 표기해 놓는다. 즉 활자의 모양, 크기, 특히 그림이나 도표의 인쇄 요구사항 등 글로 표현하기 어려운 부분을 체크해 놓는다.

h. 논문의 문맥의 좀 더 완전함을 위하여 시간이 허락하는 대로 몇 차례 읽어보되 읽을 때에는 소리를 내면서 읽어보는 것이 매우 유익하게 작 용을 한다.

논문의 작성 그리고 심사 그 뒤에 이어지는 인쇄의 과정에서 일어나는 절차는 학교나 기관에 따라서 다르다. 지도교수와의 만남으로부터 시작되는 제목선정 과정으로부터도 지도의 모습이나 진행에 따른 검증이 모두 다른 형태를 지닐 수도 있다. 심사 역시 초고나 정서 된 원고의 어느 부분까지인지에 대해서도 물론이다.

그러나 결국은 완성된 논문의 형태를 만들어 내는데 목적이 있음에는 모두가 공통성을 지니고 있으므로 가급적이면 처음부터 완성되어질 모습을 그리면서 진행을 해가고 그러한 모습으로 접근해 가는 것이 여러 모로 좋은 결과를 맺어 간다는 사실만은 확실하게 기억을 하도록 할 일이다.

c. 논문의 제출

논문의 작성자는 아래의 절차에 따라 논문을 제출하고 심사를 받으며, 통과된 논문은 규정에 따라 인쇄된 완성 본을 제출해야 한다.

1. 완성된 초고는 지도교수와 논문 형식 담당자의 확인을 받은 후 학사 및 석사학위의 경우 4부를, 박사학위의 경우 5부를 작성하여 지정된 날짜 까지 담당 부서에 제출을 한다.
2. 심사용은 친필이나 복사본도 무방하다.
3. 담당 부서는 제출받은 초고논문을 즉시 심사위원에게 제출을 한다.

　　　석사학위 : 주심1 부심2, 박사학위 : 주심1 부심3

4. 논문 심사는 논문이 제출된 날로부터 2주일 이내에 공개 또는 비공개로 실시를 하되, 모든 심사위원들이 한자리에 모여서 논문작성자를 출석시킨 가운데 한다.(특수한 경우 서면질의를 할 수도 있음)

5. 심사에 통과된 논문은 심사위원들의 지적 사항을 면밀히 반영한 후, 모든 사항이 올바로 고쳐졌음을 지도교수가 확인한 후 날인한 다음에 인쇄의 절차를 밟도록 한다.

6. 인쇄소는 본원이 정한 논문의 형식과 규격에 대하여 잘 알고 있는지를 확인한 후에 정해야 한다.

7. 인쇄를 마친 완성된 논문은 10부를 본원에 제출을 하여야 한다.
(학사 : 소프트 커버 10부, 석사·박사 : 하드커버 10부)

이 논문은 심사위원들에게 보여주어 인준페이지의 담당 란에 사인을 날인 받도록 한다.(사인 받은 논문은 선물용 등으로 사용할 것이 아니라 특별히 본인이 잘 보관해 두어야 할 것임)

d. 해외 논문 제출용

국내 통용논문의 경우 상기의 방법을 따라 진행하면 되나 해외에 제출하여 심사를 받아야 하는 경우,

첫째는 모든 면을 영문으로 작성하여 인준을 받거나

둘째는 지도교수가 한국인이면서 상호 학사협정이 맺어진 경우 다음 양식을 따라 제출하여 인준을 받을 수도 있다.

지도 교수와 학교의 논문 작성 규칙에 따라 약간씩 다를 수도 있으나

다음 페이지부터 이어지는 방법을 사용하면 무난하다. 여기에서는 세세한 설명을 피하기 위하여 실제적 양식을 예로 사용하였으며, 글자의 위치나 내용, 크기, 배열 등에서 그대로 활용할 수 있도록 하였으므로 본인에게 해당되는 사항(즉 논문제목, 작성자, 연도, 지도교수, 학교, 심사위원 등)으로 바꾸어 작성하기만 하면 된다.

가로와 세로의 전체적 논문 크기는 19페이지의 편집양식을 참고하여 컴퓨터를 조절하거나 논문작성을 위하여 제공되는 디스켓을 직접 사용하면 된다.

여기에서는 해외제출을 우선하여 작성하는 것이므로 표지로부터 해당부분을 모두 영문으로 하여 삽입을 하고, 그 뒤에 한글은 속 표제지로부터 시작을 하면 된다. 때에 따라서는 상호 양해하에 영문표제지 다음에 같은 양식의 한글 페이지를 교대로 넣을 수도 있다.

다만 이때에 한글 인준 페이지는 앞의 영문에서 이미 사인을 받아 표기하였으므로 생략을 하여도 좋다. 물론 심사위원의 사인 없이 게재하여 놓아도 무방하다.

※ 영문 논문의 실제의 예
〈표지 앞면 및 속표제지〉

A STUDY IN COMPARE ANALYTICAL GREEK NEW TESTAMENT WITH KOREA BIBLE THROUGH THE GOSPEL ACCORDING TO MATTHEW

By

Chul-Soo Kim

Canada Christian College

and

School of Graduate Theological Studies

Toronto, Canada

2007

〈지도교수페이지〉

A STUDY IN COMPARE ANALYTICAL GREEK NEW TESTAMENT WITH KOREA BIBLE THROUGH THE GOSPEL ACCORDING TO MATTHEW

Under the Direction of
Prof., Key-Hwan Jung(D.R.E.,Th.D)

A Dissertation
Submitted to the Faculty of
the Canada Christian University
and School of Graduate Theological Studies

In Partial Fulfillment
of the Requirements of for theDegree of
Doctor of Ministry

By
Chul-Soo Kim
June 2007

〈인준페이지〉

The Approval Sheet
This Dissertation entitled

A STUDY IN COMPARE ANALYTICAL GREEK NEW TESTAMENT WITH KOREA BIBLE THROUGH THE GOSPEL ACCORDING TO MATTHEW

Written by
Chul-Soo Kim

and submitted in partial fulfillment of the
requirements for the degree of
Doctor of Ministry(D.Min.)

has been read and approved
by the undersigned members of the Faculty
of the Canada Christian University
and School of Graduate Theological Studies

President

Advisor

2007

상기의 인준페이지 다음에 이어서 아래의 순서에 따라
영문으로 표기할 것.

Personal History
〈개인 이력서: 필요에 따라 생략가능〉

Acknowledgements 〈감사의 글〉

CONTENTS〈목차〉

ABSTRACT
〈초록 : 논문의 순서에 따른 전체적 요약〉

BIBLIOGRAPHY〈참고문헌목록〉

CONCLUSION〈결론〉
결론 부분은 한글 결론 부분 뒤 부분에
영역하여 첨부하여 놓을 것.

G. 한글 논문의 실제의 예

〈표지 앞면 및 속표제지〉

2007學年度
牧會學博士(D. Min.)學位論文

마태복음을 通하여 본 헬라어 分解
聖經과 한글 改譯聖經과의 比較 研究

國際基督大學校 神學大學院
神學研究科 神學專攻
鄭 論 文

〈지도 교수 페이지의 양식〉

마태복음을 通하여 본 헬라어 分解 聖經과 한글 改譯聖經과의 比較 研究

指導教授 : 鄭 琦 煥 博士(D.R.E.,Th.D)

이 論文을 牧會學博士(D.Min.)學位 論文으로 提出함.

2007년   6월   일

國際基督大學校 神學大學院
神學研究科 神學專攻

鄭 論 文

〈인준페이지 양식〉

鄭論文의

牧會學博士(D.Min.)學位 論文을 認准함.

主審 :　　　　　　　　인

副審 :　　　　　　　　인

副審 :　　　　　　　　인

副審 :　　　　　　　　인

2007년　6월　일

國際基督大學校 神學大學院

※ 주심을 심사위원장으로, 부심을 심사위원으로 표기할 수도 있다.

※ 글자 간격 및 구성은 출력 후, 교정하고 조정하도록 한다.

附　　錄

Ⅰ. 새 한글 맞춤법 규정

제1장 총 칙

1. 한글 맞춤법은 표준어를 소리대로 적되, 어법에 맞도록 함을 원칙으로 한다.
2. 문장의 각 단어는 띄어 씀을 원칙으로 한다.
3. 외래어는 '외래어 표기법'에 따른다.

제2장 자 모

4. 한글 자모의 수는 스물넉 자로 하고, 그 순서와 이름은 다음과 같이 정한다.

ㄱ ㄴ ㄷ ㄹ ㅁ ㅂ ㅅ ㅇ ㅈ ㅊ ㅋ ㅌ ㅍ ㅎ

ㅏ ㅑ ㅓ ㅕ ㅗ ㅛ ㅜ ㅠ ㅡ ㅣ

◆ 부가된 자모 및 사전에 적는 순서

자음 : ㄱ ㄲ ㄴ ㄷ ㄸ ㄹ ㅁ ㅂ ㅃ ㅅ ㅆ ㅇ ㅈ ㅉ ㅊ ㅋ ㅌ ㅍ ㅎ

모음 : ㅏ ㅐ ㅑ ㅒ ㅓ ㅔ ㅕ ㅖ ㅗ ㅘ ㅙ ㅚ ㅛ ㅜ ㅝ ㅞ ㅟ ㅠ ㅡ ㅢ ㅣ

제3장 소리에 관한 것

1절. 된소리

5. 한 단어 안에서 뚜렷한 까닭 없이 나는 된소리는 다음 음절의 첫소리를 된소리로 적는다.

　1) 두 모음 사이에서 나는 된소리

　　소쩍새 어깨 오빠 으뜸 아끼다 기쁘다 깨끗하다 어떠하다 가끔 거꾸로

　2) ㄴ ㄹ ㅁ ㅇ 받침 뒤에서 나는 된소리

　　산뜻하다 잔뜩 살짝 훨씬 담뿍 움찔 몽땅 엉뚱하다

◆ 다만 ㄱ, ㅂ 받침 뒤에서 나는 된소리는 같은 음절이나 비슷한 음절이 겹쳐 나는 경우가 아니면 된소리로 적지 아니한다.

　국수 깍두기 딱지 색시 법석 갑자기 몹시

2절. 구개음화

6. ㄱ ㅌ 받침 뒤에 종속적 관계를 가진 '-이(-)'나 '-하-'가 올 적에는, ㄱ ㄷ ㅌ이 ㅈ ㅊ으로 소리가 나더라도 ㄷㅌ으로 적는다.

　해도지 → 해돋이　　구지 → 굳이　가치 → 같이

　거치다 → 걷히다　　다치다 → 닫히다　무치다 → 묻히다

3절. ㄷ 소리 받침

7. ㄷ 소리로 나는 받침 중에서 ㄷ으로 적을 근거가 없는 것은 ㅅ으로 적는다.

　덧저고리 돗자리 웃어른 무릇 사뭇 얼핏 자칫하면 뭇 옛 첫 헛

4절. 모 음

8. '계, 례, 몌, 폐, 혜'의 ㅖ는 ㅔ로 소리 나는 경우가 있더라도 ㅖ로 적는다.

　사례 → 사례　혜택 → 혜택　　게집 → 계집
　핑게 → 핑계　폐품 → 폐품　게시다 → 계시다

◆ 다만 다음 말은 본음대로 적는다.

　게시판(揭示板)　휴게실(休憩室)

9. '의'나 자음을 첫소리로 가지고 있는 음절의 ㅢ는 ㅣ로 소리 나는 경우가 있더라도 ㅢ로 적는다.

　본이 → 본의　무니 → 무늬　띠어쓰기 → 띄어쓰기
　씨어 → 씌어　히망 → 희망　히다 → 희다

5절. 두음법칙

10. 한자음 '녀, 뇨, 뉴, 니'가 단어 첫머리에 올 적에는 두음법칙에 따라
　'여, 요, 유, 이'로 적는다.

　녀자 → 여자　년세 → 연세　뇨소 → 요소

◆ 다만 다음과 같은 의존명사에서는 '냐, 녀'음을 인정한다.

+ 단어의 첫머리 이외의 경우에는 본음대로 적는다.

　남녀　당뇨　은닉

++ 접두사처럼 쓰이는 한자가 붙어서 된 말이나 합성어에서 뒷말의 첫소리가 'ㄴ'소리로 나더라도 두음법칙에 따라 적는다.

　신여성　공염불

+++ 둘 이상의 단어로 이루어진 고유명사를 붙여 쓰는 경우에도 ++ 경우와 동일하다.

　한국여자대학　대한요소비료회사

11. 한자음 '랴, 려, 례, 료, 류, 리'가 단어의 첫머리에 올적에는 두음법칙 에 따라 '야, 여, 예, 요, 유, 이'로 적는다.

　량심 → 양심　력사 → 역사　례의 → 예의

　룡궁 → 용궁　류행 → 유행　리발 → 이발

◆ 다만 다음과 같은 의존명사는 본음대로 적는다.

　리(里) : 몇 리냐?　　리(理) : 그럴 리가 없다

　+ 단어의 첫머리 이외의 경우에는 본음대로 적는다.

　개량 선량 수력 협력 혼례 쌍룡 하류 급류 진리

　다만 모음이나 ㄴ 받침 뒤에 이어지는 '렬, 률'은 '열, 율'로 적는다.

　나열 치열 비열 분열 선열 진열

　규율 비율 선율 전율 실패율 백분율

+ 외자로 된 이름을 성에 붙여 쓸 경우에도 본음대로 적을 수 있
다.

신립(申砬) 최린(崔麟) 채륜(蔡倫) 하륜(河崙)

+ 준말에서 본음으로 소리 나는 것은 본음대로 적는다.
국련(국제연합)대한교련(대한교육연합회)

+ 접두사처럼 쓰이는 한자가 붙어서 된 말이나 합성어에서 뒷말
의 첫소리가 'ㄴ' 또는 'ㄹ'소리로 나더라도 두음 법칙에 따라 적
는다.

역이용 연이율 열역학 해외여행

+ 둘 이상의 단어로 이루어진 고유 명사를 붙여 쓰는 경우나 십진
법에 따라 쓰는 수도 동일하다.

서울여관 신흥이발관 육천육백육십육

12. 한자음 '라, 래 로, 뢰, 루, 르'가 단어의 첫머리에 올적에는 두음
법칙에 따라 '나. 내, 노, 뇌, 누, 느'로 적는다.

낙원 내일 노인 뇌성 누각 능묘

+ 단어의 첫머리 이외의 경우에는 두음법칙이 적용되지 않기 때문에
본음대로 적는다.

쾌락 극락 거래 왕래 연로 지뢰 낙뢰 광한루 동구릉

+ 접두사처럼 쓰이는 한자가 붙어서 된 단어는 뒷말을 두음법칙에 따
라 적는다.

내내월(來來月) 상노인(上老人) 중노동(重勞動)

비논리적(非論理的)

6절. 겹쳐 나는 소리

13. 한 단어 안에서 같은 음절이나 비슷한 음절이 겹쳐 나는 부분은
    같은 글자로 적는다.
    딱닥 → 딱딱, 쌕쌕 씩씩 똑딱똑딱 쓱싹쓱싹 꼿꼿하다 눅눅하다
    밋밋하다 싹싹하다 쌉쌀하다 씁쓸하다 짭짤하다

제4장 형태에 관한 것

1절. 체언과 조사

14. 체언은 조사와 구별하여 적는다.
    떡이 손에 밤이 집을 옷도 낮이 꽃에 앞만 삶에 여덟을 값만

2절. 어간과 어미

15. 용언의 어간과 어미는 구별하여 적는다.
    먹다 먹고 먹으니 믿다 믿고 믿어 믿으니
+ 두 개의 용언이 어울려 한 개의 용언이 될 적에, 앞말의 본뜻이 유
    지되고 있는 것은 그 원형을 밝히어 적고, 그 본뜻에서 멀어진 것
    은 밝히어 적지 아니한다.
1) 앞말의 본뜻이 유지되고 있는 것
    넘어지다 늘어나다 늘어지다 돌아가다 들어가다 떨어지다
    벌어지다
2) 본뜻에서 멀어진 것

드러나다 사라지다 쓰러지다

+ 종결형에서 사용되는 어미 '-오'는 '요'로 소리 나는 경우가 있더라도 그 원형을 밝혀 '오'로 적는다.

이것은 책이요 → 이것은 책이오, 이리로 오시요→ 이리로 오시오, 이것은 책이 아니요→ 이것은 책이 아니오.

+ 연결형에서 사용되는 '이요'는 그대로 '이요'로 적는다.

이것은 책이오, 저것은 붓이오, 또 저것은 먹이다.

→ 이것은 책이요, 저것은 붓이요, 또 저것은 먹이다.

16. 어간의 끝음절 모음이 'ㅏ, ㅗ'일 때는 어미를 '-아'로 적고, 그 밖의 모음일 때에는 '-어'로 적는다.

1) '-아'로 적는 경우

나아 나아도 나아서 막아 막아도 막아서 얇아 돌아보아

2) '-어'로 적는 경우

개어 개어도 개어서 겪어 겪어도 겪어서 되어 베어 쉬어

저어 주어 피어 희어

17. 어미 뒤에 덧붙는 조사'-요'는 '-요'로 적는다.

읽어 읽어요, 참으리 참으리요, 좋지 좋지요

18. 다음과 같은 용언들은 어미가 바뀔 경우, 그 어간이나 어미가 원칙에 벗어나면 벗어나는 대로 적는다.

1) 어간의 끝 'ㄹ'이 줄어질 적

갈다 : 가니 간 갑니다 가시다 가오

놀다 : 노니 노 놉니다 노시다 노오

어질다 : 어지니 어진 어집니다 어지시다 어지오

+ 다음과 같은 말에서도 'ㄹ'이 준대로 적는다.

마지못하다 마지않다

2) 어간의 끝이 'ㅅ'이 줄어질 적

굿다 : 그어 그으니 그었다   낫다 : 나아 나으니 나았다

3) 어간의 끝이 'ㅎ'이 줄어질 적

그렇다 : 그러니 그럴 그러면 그럽니다 그러오

까맣다 : 까마니 까말 까마면 까맙니다 까마오

동그랗다 : 동그라니 동그랄 동그라면 동그랍니다 동그라오

4) 어간의 끝 'ㅜ, ㅡ'가 줄어질 적

푸다 : 퍼 펐다, 끄다 : 꺼 껐다, 뜨다 : 떠 떴다, 크다 : 커

컸다, 담그다 : 담가 담갔다 고프다 : 고파 고팠다 따르다

: 따라 따랐다

5) 어간의 끝 'ㄷ'이 'ㄹ'로 바뀔 적

거다: 걸어 걸으니 걸었다,   듣다 : 들어 들으니 들었다

6) 어간의 끝 'ㅂ'이 'ㅜ'로 바뀔 적

깁다 : 기워 기우니 기웠다

가깝다 : 가까워 가까우니 가까웠다

괴롭다 : 괴로워 괴로우니 괴로웠다

◆ 다만 '돕-, 곱-'과 같은 단 음절 어간에 어미 '-아'가 결합되어 '와'로
소리 나는 것은 '-와'로 적는다.

돕다 : 도와 도와서 도와도 도왔다

곱다 : 고와 고와서 고와도 고왔다

7) '하다'의 활용에서 어미 '-아'가 '-여'로 바뀔 적

하다: 하여 하여서 하여도 하여라 하였다

8) 어간의 끝 음절 '르' 뒤에 오는 어미 '-어'가 '-러'로 바뀔 적

이르다: 이르러 이르렀다,   푸르다 : 푸르러 푸르렀다

9) 어간의 끝 음절 '르'의 '·'가 줄고, 그 뒤에 오는 어미 '-아/-어'가 '-라/-러'로 바뀔 적

가르다 : 갈라 갈랐다   부르다 : 불러 불렀다

구르다 : 굴러 굴렀다   이르다 : 일러 일렀다

벼르다 : 별러 별렀다   지르다 : 질러 질렀다

3절. 접미사가 붙어서 된 말

19. 어간에 '-이'나 '-음/-ㅁ'이 붙어서 명사로 된 것과 '-이'나 '-히'가 붙어서 부사로 된 것은 그 어간의 원형을 밝히어 적는다.

1) '-이'가 붙어서 명사로 된 것

길이 깊이 높이 다듬이 땀받이 달맞이 먹이 미닫이 벌이 살림살이

2) '-음/-ㅁ'이 붙어서 명사로 된 것

걸음 묶음 믿음 얼음 엮음 울음 웃음 졸음 죽음 앎 만듦

3) '-이'가 붙어서 부사로 된 것

같이 굳이 길이 높이 많이 실없이 좋이 짓궂이

4) '-히'가 붙어서 부사로 된 것

밝히 익히 작히

◈ 다만, 어간에 '-이'나 '-음'이 붙어서 명사로 바뀐 것이라도 그 어간
의 뜻과 멀어진 것은 원형을 밝히어 적지 아니한다.
굽도리 다리 목거리 코끼리 거름(비료) 고름(膿) 노름(도박)
+ 어간에 '-이'나 '-음' 이외의 모음으로 시작된 접미사가 붙어서 다
른 품사로 바뀐 것은 그 어간의 원형을 밝히어 적지 아니한다.
  1) 명사로 바뀐 것
     귀머거리 까마귀 너머 마감 마개 마중 무덤 쓰레기 올가미
     주검
  2) 부사로 바뀐 것
     거뭇거뭇 너무 도로 뜨덤뜨덤 바투 불긋불긋 비로소 자주 차
     마
  3) 조사로 바뀌어 뜻이 달라진 것
     나마 부터 조차
20. 명사 뒤에 '-이'가 붙어서 된 말은 그 명사의 원형을 밝히어 적는
  다.
  1) 부사로 된 것
     곳곳이 낱낱이 샅샅이 앞앞이 집집이
  2) 명사로 된 것
     곰배팔이 바둑이 삼발이 애꾸눈이 육손이 절뚝발이 절름발이

+ '-이'이외의 모음으로 시작된 접미사가 붙어서 된 말은 그 명사
의 원 형을 밝히어 적지 아니한다.
꼬락서니 끄트머리 바가지 바깥 사타구니 싸라기 이파리 지붕
지푸라기

21. 명사나 혹은 용언의 어간 뒤에 자음으로 시작된 접미사가 붙어서
된 말은 그 명사나 어간의 원형을 밝히어 적는다.
1) 명사 뒤에 자음으로 시작된 접미사가 붙어서 된 것
값지다 넋두리 빛깔 잎사귀 옆댕이 홑지다
2) 어간 뒤에 자음으로 시작된 접미사가 붙어서 된 것
낚시 덮개 갉작갉작하다 갉작거리다 굵다랗다 굵직하다 넓적
하다 높다랗다 늙수그레하다 얽죽얽죽하다 뜯적뜯적하다

◆ 다만 다음과 같은 말은 소리대로 적는다.
1) 겹받침의 끝소리가 드러나지 않는 것
할짝거리다 널따랗다 널찍하다 말끔하다 말쑥하다
말짱하다 실쭉하다 실큼하다 얄따랗다 얄팍하다 짤따랗다
짤막하다 실컷
2) 어원이 분명하지 아니하거나 본뜻에서 멀어진 것
넙치 올무 골막하다 납작하다

22. 용언의 어간에 다음과 같은 접미사들이 붙어서 이루어진 말들은
그 어간을 밝히어 적는다.
1) '기, 리, 이, 히, 구, 우, 추, 으, 키, 이키, 애'가 붙는 것

맡기다 옮기다 웃기다 쫓기다 뚫리다 울리다 낚이다 쌓이다 핥
이다 굳히다 굽히다 넓히다 앉히다 얽히다 잡히다 돋구다 갖추
다 맞추다 일으키다 돌이키다 없애다 곧추다

◆ 다만 '이, 히, 우'가 붙어서 된 말이라도 본뜻에서 멀어진 것은 소
리대로 적는다.
　　되리다(칼로-) 드리다(용돈을-) 고치다 바치다(세금을-)
　　부치다(편지를-) 거두다 미루다 이루다

2) '치, 뜨리, 트리'가 붙는 것
　　놓치다 덮치다 떠받치다 부딪치다 뻗치다 엎치다
　　흩뜨리다 / 흩트리다
+ '업, 읍, 브'가 붙어서 된 말은 소리대로 적는다.
　　미덥다 우습다 미쁘다

23. '-하다'나 '-거리다'가 붙는 어근에 '-이'가 붙어서 명사가 된 것은
　　그 원형을 밝히어 적는다.
　　　깔쭉이 꿀꿀이 눈깜짝이 더펄이 배불뚝이 삐죽이 살살이 쌕쌕이
　　　오뚝이 홀쭉이
　+ '하다'나 '거리다'가 붙을 수 없는 어근에 '이'나 또는 다른 모음으
　　로 시작되는 접미사가 붙어서 명사가 된 것은 그 원형을 밝히어
　　적지 아니 한다.

개구리 귀뚜라미 기러기 깍두기 꽹과리 날라리 누더기 동그라미
뻐꾸기 두드러기 딱따구리 부스러기 얼루기

24. '-거리다'가 붙을 수 있는 시늉말 어근에 '-이다'가 붙어서 된 용언
 은 그 어근을 밝히어 적는다.
 깜짝이다 꾸벅이다 끄덕이다 뒤척이다 들먹이다 망설이다 번득이
 다 번쩍이다 속삭이다 울먹이다 움직이다 지껄이다 허덕이다 헐
 떡이다

25. '-하다'가 붙는 어근에 '-히'나 '-이'가 붙어서 부사가 되거나, 부사
 에 '-이'가 붙어서 뜻을 더하는 경우에는 그 어근이나 부사의 원
 형을 밝히 어 적는다.
　1) '-하다'가 붙는 어근에 '-히'나 '-이'가 붙는 경우
　　 급히 꾸준히 도저히 딱히 어렴풋이 깨끗이
　 + '하다'가 붙지 않은 경우에는 소리대로 적는다.
　　 갑자기 반드시 슬며시
　2) 부사에 '-이'가 붙어서 역시 부사가 되는 경우
　　 곰곰이 더욱이 생긋이 오뚝이 일찍이 해죽이

26. '-하다'나 '-없다'가 붙어서 된 용언은 그 '-하다'나 '-없다'를 밝히어
 적는다.
 '-하다'나 '-없다'가 붙어서 된 용언은 그 '-하다'나 '-없다'를 밝히

어 적 는다.

1) '-하다'가 붙어서 용언이 된 것

딱하다 숱하다 착하다 텁텁하다 푹하다

2) '-없다'가 붙어서 용언이 된 것

부질없다 상없다 시름없다 열없다 하염없다

제4절 합성어 및 접두사가 붙은 말

27. 둘 이상의 단어가 어울리거나 접두사가 붙어서 이루어진 말은 각
각 그 원형을 밝히어 적는다.

국말이 꺾꽂이 꽃잎 끝장 물난리 밑천 부엌일 싫증
젖몸살 첫아들 칼날 팥알 홀아비 흙내 값없다 겉늙다 굶주리다
새파랗다 엿듣다

+ 어원은 분명하나 소리만 특이하게 변한 것은 변한 대로 적는
다.

할아버지 할아범

+ 어원이 분명하지 아니한 것은 원형을 밝히어 적지 아니한다.

골병 골탕 며칠 아재비 오라비 업신여기다 부리나케

+ '이(齒)'가 합성어나 이에 준하는 말에서 '니' 또는 '리'로 소리
날 때에는 '니'로 적는다.

간니 덧니 사랑니 송곳니 앞니 어금니 윗니 젖니 톱니 틀니

가랑니

28. 끝소리가 'ㄹ'인 말과 딴 말이 어울릴 적에 'ㄹ' 소리가 나지 아니
    하는 것은 아니 나는 대로 적는다.
    다달이(달-달-이) 따님(딸-님) 마되(말-되) 마소(말-소)
    바느질(바늘-질) 부나비(불-나비) 부삽(불-삽) 소나무(솔-나무) 싸
    전(쌀-전) 여닫이(열-닫이)

29. 끝소리가 'ㄹ'인 말과 딴 말이 어울릴 적에 'ㄹ'소리가 'ㄷ'소리로
    나 는 것은 'ㄷ'으로 적는다.
    반짇고리 사흘날 섣달 숟가락 이튿날 잔주름 섣부르다 잗다듬다

30. 사이시옷은 다음과 같은 경우에 받치어 적는다.
    1) 순 우리말로 된 합성어로서 앞말이 모음으로 끝난 경우
    ① 뒷말의 첫소리가 된소리로 나는 것
        고랫재 귓밥 나룻배 나뭇가지 냇가 맷돌 머릿기름 모깃불 못
        자리 바닷가 뱃길 부싯돌 선짓국 쇳조각 아랫집 잇자국 잿더
        미 조갯살 찻집 쳇바퀴 핏대 햇볕 혓바늘
    ② 뒷말의 첫소리 'ㄴ, ㅁ'앞에서 'ㄴ'소리가 덧나는 것
        멧나물 아랫니 텃마당 아랫마을 뒷머리 잇몸 깻묵 냇물 빗물
    ③ 뒷말의 첫소리 모음 앞에서 'ㄴㄴ'소리가 덧나는 것
        도리깻열 두렛일 뒷일 베갯잇 욧잇 깻잎 나뭇잎 댓잎

2) 순 우리말과 한자어로 된 합성어로서 앞말이 모음으로 끝난 경우

① 뒷말의 첫소리가 된소리로 나는 경우

귓병 머릿방 뱃병 사잣밥 샛강 아랫방 자릿세 전셋집 찻잔 콧병 탯줄 텃세 핏기 햇수 횟가루 횟배

② 뒷말의 첫소리 'ㄴ,ㅁ'앞에서 'ㄴ'소리가 덧나는 것

곗날 제삿날 훗날 툇마루 양칫물

③ 뒷말의 첫소리 모음 앞에서 'ㄴㄴ'소리가 덧나는 것

가욋일 사삿일 예삿일 훗일

3) 두 음절로 된 다음 한자어(6개 단어만)

곳간 셋방 숫자 찻잔 툇간 횟수

31. 두 말이 어울릴 적에 'ㅂ'소리나 'ㅎ'소리가 덧나는 것은 소리대로 적 는다.

1) 'ㅂ'소리가 덧나는 것

댑싸리멥쌀볍씨입때입쌀접때좁쌀햅쌀

2) 'ㅎ'소리가 덧나는 것

머리카락 살코기 수캐 수탉 수컷 안팎 암캐 암컷 암탉

32. 단어의 끝모음이 줄어지고 자음만 남은 것은 그 앞의 음절 받침으로 적는다.

(본말)기러기야 →(준말)기럭아 / 어제그저께 → 엊그저께
온가지 → 온갖 / 어제저녁 → 엊저녁
가지고, 가지지 → 갖고, 갖지 / 디디고 → 딛고

33. 체언과 조사가 어울려 줄어지는 경우에는 준 대로 적는다.
    (본말)그것은 → (준말)그건 / 그것이 → 그게 / 그것으로 → 그걸
    로 / 나는 → 난 / 나를 → 날 / 너는 → 넌 / 무엇을 → 뭣을 /
    무얼 → 뭘 / 무엇이 → 뭣이 / 무에

34. 모음 'ㅏ, ㅓ'로 끝난 어간에 '-아/-어,-았-/-었-'이 어울릴 적에는 준
    대로 적는다.
    (본말)가아 → (준말)가 / 나아 → 나 / 타아 → 타 /
    타았다 → 탔다 / 켜어 → 켜 / 가았다 → 갔다 / 나았다 → 났다
    서어 → 서 / 펴었다 → 폈다
    + 'ㅐ,ㅔ'뒤에 '-어, -었-'이 어울려 줄 적에는 준대로 적는다.
    (본말)개어 → (준말)개 / 베어 → 베 / 세어 → 세 /
    세었다 → 셌다
    개었다 → 갰다 / 내었다 → 냈다 / 베었다 → 벴다 / 내어 → 내
    + '하여'가 한 음절로 줄어서 '해'로 될 적에는 준 대로 적는다.
    (본말)하여 →(준말)해 / 더하여 → 더해 / 흔하여 → 흔해 /
    하였다 → 했다

35. 모음 'ㅗ,ㅜ'로 끝난 어간에 '-아/-어, -았-/-었-'이 어울려 ㅘ/ㅝ, 왔
/ 웠으로 될 적에는 준 대로 적는다.
(본말)꼬아 → 꽈 / 꼬았다 → 꽜다 / 보아 → 봐 / 쏘아 → 쏴 /
주어 → 줘
+'놓아'가 '놔'로 줄 적에는 준 대로 적는다.
+ 'ㅚ' 뒤에 '-어, 었'이 어울려 '왜, 왰'으로 될 적에도 준 대로 적
는다.
(본말)괴어 → (준말)괘 / 괴었다 → 괬다 / 되어 → 돼 / 쐬어 →
쐐/ 뵈어 → 봬

36. 'ㅣ'뒤에 '-어'가 와서 'ㅕ'로 줄 적에는 준 대로 적는다.
(본말)가지어 → (준말)가져 / 견디어 →견뎌 / 가지었다 → 가졌
다 / 막히어→막혀

37. 'ㅏ ㅕ ㅗ ㅜ ㅡ'로 끝난 어간에 '이'가 와서 각각 'ㅐ ㅖ ㅚ ㅟ ㅢ'로 줄 적
에는 준 대로 적는다.
싸이다 → 쌔다 / 누이다 → 뉘다 / 보이다 → 뵈다 / 뜨이다→띄
다 / 쓰이다→씌다

38. 'ㅏ ㅗ ㅜ ㅡ'뒤에 '-이어'가 어울려 줄 적에는 준 대로 적는다.
보이어→ 뵈어 보여, 쏘이어→ 쐬어 쏘여, 쓰이어→ 씌어 쓰여,
트이어→ 틔어 트여

39. 그렇지 않은 → 그렇잖은   적지 않은 → 적잖은

    만만하지 않다 → 만만찮다

40. 어간의 끝음절 '하'의 'ㅏ'가 줄고 'ㅎ'이 다음 음절의 첫소리와 어
    울려 거센소리로 될 적에는 거센소리로 적는다.

    간편하게 → 간편케 연구하도록→연구토록

    다정하다→다정타 흔하다→흔타

    + 'ㅎ'이 어간의 끝소리로 굳어진 것은 받침으로 적는다.

    않다→ 않고, 않지→ 않든지, 그렇다→그렇고, 그렇지→그렇든지

    + 어간의 끝음절 '하'가 아주 줄 적에는 준 대로 적는다.

    거북하지 →거북지 생각하건대→생각건대 넉넉하지 않다→넉넉
    지 않다

    + 다음과 같은 부사는 소리대로 적는다.

    결단코, 결코, 기필코, 무심코, 아무튼, 요컨대, 정녕코, 필연코,
    하여튼, 하마터면, 한사코

제5장 띄어쓰기

   제1절 조사
41. 조사는 그 앞말에 붙여 쓴다.

    꽃이 꽃마저 꽃밖에 꽃에서부터 꽃으로만 꽃이나마 꽃이다 꽃처
    럼 꽃입니다. 어디까지나 거리도 멀리는 웃고만

   제2절 의존명사(단위를 나타내는 명사 및 열거하는 말 등)
42. 의존명사는 띄어 쓴다.

아는 것이 힘이다. 나도 할 수 있다. 먹을 만큼 먹어라.

아는 이를 만났다. 네가 뜻한 바를 알겠다. 그는 떠난 지 오래다.

43. 단위를 나타내는 명사는 띄어 쓴다.

한 개, 차 한 대, 금 서 돈, 소 한 마리, 옷 한 벌, 버선 한 죽,
고등어 한 손, 연필 한 자루, 집 한 채, 신 두 켤레, 열 살,북어
한 쾌

◆ 단 순서를 나타내는 경우나 숫자와 어울리어 쓰이는 경우에는 붙
여 쓸 수 있다.

두시, 삼십분 오초, 제일과, 삼학년, 육층, 1998년 2월 21일, 2대
대, 90원 ,5동 303호, 제 3실습실, 5미터, 3개

44. 수를 적을 때는 '만(萬)' 단위로 띄어 쓴다.

십이억 삼천사백 오십육만 칠천팔백구십팔(12억 3456만 7898)

45. 두 말을 이어 주거나 열거할 적에 쓰이는 다음의 말들은 띄어 쓴
다.

국장 겸 과장, 열 내지 스물, 청군 대 백군, 책상, 걸상 등이 있다.
이사장 및 이사들, 사과, 배, 귤 등등, 부산, 광주 등지

46. 단음절로 된 단어가 연이어 나타날 적에는 붙여 쓸 수 있다.

그때 그곳, 좀더, 큰것, 이말 저말, 한잎 두잎, 이곳저곳, 내것, 네
것, 이집 저집, 한잔 술
훨씬 더 큰 새 집(x 훨씬 더 큰 새집), 더 못 간다(x 더 못 간다)

제3절 보조 용언

47. 보조 용언은 띄어 씀을 원칙으로 하되, 경우에 따라 붙여 씀도 허

용된다.

불이 꺼져 간다(꺼져간다). 내 힘으로 막아 낸다(막아낸다).

도와 드린다(도와드린다). 깨뜨려 버렸다(깨뜨려버렸다).

올 듯하다(올듯하다). 할 만하다(할만하다). 될 법하다(될법하다).

◆ 다만 앞말에 조사가 붙거나 앞말이 합성동사인 경우, 그리고 중간
에 조사가 들어갈 적에는 그 뒤에 오는 보조 용언은 띄어 쓴다.

잘도 놀아만 나는구나! 책을 읽어도 보고… 그가 올 듯도 하다.

제4절 고유 명사 및 전문 용언

48. 성과 이름, 성과 호 등은 붙여 쓰고, 이에 덧붙는 호칭어, 관직명
등은 띄어 쓴다.

정기환, 정기환 씨, 정기환 목사, 정기환 선생, 정기환 박사,
충무공 이순신

◆ 다만, 성과 이름, 성과 호를 분명히 구분할 필요가 있을 경우에는
띄어 쓴다.

남궁억/남궁 억, 황보지봉/황보 지봉, 독고준/독고 준

49. 성명 이외의 고유 명사는 단어별로 띄어 씀을 원칙으로 하되, 단
위별로 띄어 쓸 수 있다.

(원칙) 대한 중학교 → (수용)대한중학교,

한국 대학교 사범 대학→ 한국대학교 사범대학

50. 전문 용어는 단어별로 띄어 씀을 원칙으로 하되, 붙여 쓸 수 있
다.

(원칙)만성 골수성 백혈병 → (수용)만성골수성백혈병

중거리 탄도 유도탄 → 중거리탄도유도탄

51. 부사 끝음절이 분명히 '이'로만 나는 것은 '-이'로 적고, '히'로만
    나거나 '이'나 '히'로 나는 것은 '-히'로 적는다.

    1) '이'로만 나는 것

       가붓이 깨끗이 느긋이 둥긋이 따뜻이 반듯이 버젓이 많이
       산뜻이 의젓이 가까이 고이 날카로이 대수로이 번거로이 적이
       헛되이 겹겹이 번번이 일일이 집집이 틈틈이

    2) '히'로만 나는 것

       극히 급히 딱히 속히 족히 특히 엄격히 정확히 작히

    3) '이. 히'로 나는 것

       솔직히 가만히 간편히 나른히 무단히 각별히 소홀히 능히 쓸
       쓸히 정결히 과감히 꼼꼼히 심히 열심히 급급히 답답히 섭섭
       히 공평히 분명히 상당히 조용히 간소히 고요히 도저히

52. 한자어에서 본음으로도 나고 속음으로도 나는 것은 각각 그 소리
    에 따라 적는다.

    (본음으로 나는 것) 승낙(承諾) 안녕(安寧) 분노(忿怒) 토론(討論)
    오륙십(五六十) 팔일(八日)

    (속음으로 나는 것) 수락(受諾) 쾌락(快諾) 허락(許諾) 곤란(困難)
    논란(論難) 의령(宜寧) 대로(大怒) 희로애락(喜怒哀樂)
    오뉴월(五六月), 시월(十月) 초파일(初八日) 모과(木瓜) 의논(議論)

53. 다음과 같은 어미는 예사소리로 적는다. 〈 〉속의 것을 버림.
    -(으)ㄹ거나 〈-(으)ㄹ꺼나〉, -(으)ㄹ게 〈-(으)ㄹ께〉,

-(으)ㄹ수록 〈-(으)ㄹ쑤록〉 -걸〈-껄〉, -세〈-쎄〉,

-지니라〈-찌니라〉, -지어다〈-찌어다〉

◆ 다만, 의문을 나타내는 다음 어미들은 된소리로 적는다.

-(으)ㄹ까? -(으)ㄹ꼬?- (으)리까? -(으) ㄹ쏘냐?-(스) ㅂ니까?

54. 다음과 같은 접미사는 된소리로 적는다.

심부름꾼 익살꾼 일꾼 장꾼 장난꾼 지게꾼 빛깔 볼때기 뒤꿈치 코
빼기

55. 두 가지로 구별하여 적던 다음 말들은 한 가지로 적는다.

맞추다(입을 맞춘다. 양복을 맞춘다)

뻗치다(다리를 뻗친다. 멀리 뻗친다)

56. '-더라, -던'과 '-든지'는 다음과 같이 적는다.

1) 지난 일을 나타내는 어미는 '-더라, -던'으로 적는다.

날씨가 몹시 춥더라(× 춥드라). 깊던(× 깊든) 물이 얕아졌다.

그렇게 좋던가? 그 사람 말 잘 하던데! 얼마나 놀랐던지 몰라.

2) 물건이나 일의 내용을 가리지 아니하는 뜻을 나타내는 조사와
   어미는 '(-)든지'로 적는다.

① 배던지 사과던지 마음대로 먹어라

→ 배든지 사과든지 마음대로 먹어라

② 가던지 오던지 마음대로 해라

→ 가든지 오든지 마음대로 해라.

57. 다음 말들은 각각 구별하여 적는다.

가름→ 둘로 가름, / 거름→ 풀을 썩힌 거름

갈음→ 새 책상으로 갈음하였다. / 걸음→ 빠른 걸음
거치다→ 천안을 거쳐 왔다. / 걷잡다→ 걷잡을 수 없는 상태,
걷히다→ 외상값이 잘 걷힌다. / 겉잡다→ 겉잡아서 이틀 걸릴 일
그러므로(그러니까)→ 그는 부지런하다. 그러므로 잘 산다.
그럼으로(써)→ 그는 열심히 공부한다. 그럼으로(써)
(그렇게 하는 것으로)은혜에 보답한다.
느리다→ 진도가 너무 느리다. / 다치다→ 부주의로 손을 다쳤다.
늘이다→ 고무줄을 늘인다. / 닫히다→ 문이 저절로 닫혔다.
늘리다→ 수출량을 더 늘린다. / 닫치다→ 문이 닫혔다.
다리다→ 옷을 다린다. / 노름→ 노름판이 벌어졌다.
달이다→ 약을 달인다. / 놀음(놀이)→ 즐거운 놀음
마치다→ 벌써 일을 마쳤다. / 목거리→ 목거리가 덧났다
맞히다→ 여러 문제를 맞혔다. / 목걸이→ 금 목걸이, 은 목걸이
바치다→ 나라를 위해 목숨을 바쳤다. / 받히다→ 쇠뿔에 받혔다
받치다→ 우산을 받치고 간다. / 책받침을 받친다.
밭치다→ 술을 체에 밭친다.
반드시→ 약속은 반드시 지켜라. 부딪치다→ 차와 차가 부딪쳤다.
반듯이→ 고개를 반듯이 들어라. 부딪히다→ 마차가 화물차에 부딪혔다.
부치다→ 힘이 부치는 일이다. / 붙이다→ 우표를 붙인다.
       편지를 부친다.　　　/ 책상을 벽에 붙였다.
       논밭을 부친다.　　　/ 흥정을 붙인다.
       빈대떡을 부친다.　　/ 불을 붙인다.
       식목일에 부치는 글 / 조건을 붙인다.
       회의에 부치는 안건 / 취미를 붙인다.

인쇄에 부치는 원고　　　　/ 별명을 붙인다.

삼촌 집에 숙식을 부친다.　/ 감사원을 붙인다.

아름 → 세 아름 되는 둘레　　　/ 시키다→ 일을 시킨다.

알음→ 전부터 알음이 있는 사이 / 식히다→ 끓인 물을 식히다.

앎 →　앎이 힘이다.

안치다→ 밥을 안친다.　/ 어름→ 두 물건의 어름에서 일어난 현상

앉히다→ 윗자리에 앉힌다. / 얼음→ 얼음이 얼었다

이따가→ 이따가 오너라. / 저리가→ 다친 다리가 저린다.

있다가→ 돈은 있다가도 없다. / 절이다/김장 배추를 절인다.

조리다→ 생선을 조린다. 통조림, 병조림

주리다→ 여러 날을 주렸다.

졸이다→ 마음을 졸인다. / 줄이다→ 비용을 줄인다.

하노라고→ 하노라고 한 것이 이 모양이다.

하느라고→ 공부하느라고 밤을 새웠다.

-(으)러(목적)→ 공부하러 간다.

-(으)려(의도)→ 서울 가려 한다.

-느니보다(어미)→ 나를 찾아오느니보다 집에 있거라.

-는 이보다(의존명사)→ 오는 이가 가는 이보다 많다

-(으)리만큼(어미)→ 나를 미워하리만큼 그에게 잘못한 일이 없다

-(으)ㄹ이만큼(의존 명사)→ 찬성할 이도 반대할 이만큼이나 많다.

-(으)로서(자격)→ 사람으로서 그럴 수는 없다.

-(으)로써(수단)→ 닭으로써 꿩을 대신했다.

2. 잘못 읽기 쉬운 한자음

(ㄱ)

글자 (×) → (○)

賈氏 고씨→가씨	驚句 경귀→경구
格別 격별→各別(각별)	更迭 생질→경질
乾物 건물→간물	驚蟄 경첩→경칩
乾爭 건쟁→간정	股肱 고강→고굉
減殺 감살→감쇄	困難 곤난→곤란
降福 항복→강복	滑稽 활개→골계
降旨 항지→강지	庫間 고간→곳간
槪括 개활→개괄	過剩 과승→과잉
改悛 개준→개전	管轄 관활→관할
坑夫 항부→갱부	乖愎 괴팍→괴팍
更新 경신→갱신	攪亂 각란→교란
醵出 거출→갹출	攪眠 각면→교면
偈頌 계송→게송	敎唆 교준→교사
揭載 계재→게재	交驩 교관→교환
契闊 계활→결활	狡猾 교골→교활

句節 귀절→구절

句點 귀점→구점

救恤 구혈→구휼

詭辯 위변→궤변

龜鑑 구감→귀감

龜裂 구열 균렬→균열

琴瑟 금슬→금실

旗幟 기식→기치

喫煙 계연→끽연

間歇的 간홀적→간헐적

更年期 경년기→갱년기

空念佛 공념불→공염불

句讀點 구독점→구두점

喫茶店 끽차점→끽다점

乾木水生 건목수생→간목수생

架空索道 가공색도→가공삭도

更起不能 경기불능→갱기불능

更正豫算 갱정예산→경정예산

口尙乳臭 구상유추→구상유취

群雄割據 군웅활거→군웅할거

龜州大捷 귀주대첩→구주대첩

契丹文字 계단문자→글안문자

(ㄴ)

拏捕 합포→나포

奈落 내락→나락

奈何 나하→내하

內人 내안→나인

內帑 내노→내탕

落魄 낙백→낙탁

難澁 난습→난삽

懶婦 나부→난부

濫觴 남장→남상

捺染 나염→날염

娘子 양자→낭자

鹿皮 녹피→녹비

牢約 우약→뇌약

惱殺 뇌살→뇌쇄

磊落 석락→뇌락

漏泄 누세→누설

訥辯 납변→눌변

凜然 품연→늠연

腦溢血 뇌익혈→뇌일혈
南無阿彌陀 남무아미타→나무아
미타

㈃

大怒 대노→대로
團欒 단락→단란
簞食 단식→단사
淡泊 담백→담박
曇天 운천→담천
遝至 환지→답지
撞着 동착→당착
逃北 도북→도배
陶冶 도치→도야
跳躍 조약→도약
頓然 둔연→돈연
冬眠 동민→동면
頓絶 돈절→둔절
慟哭 동곡→통곡
陀羅尼 타라니→다라니
蛋白質 담백질→단백질
對蹠的 대차적→대척적

跳躍臺 조약대→도약대
獨擅場 독단장→독천장
同病相憐 동병상린→동병상련

㈆

滿腔 만공→만강
萬朶 만내→만타
罵倒 마도→매도
魅力 미력→매력
邁進 만진→매진
驀進 막진→맥진
萌芽 명아→맹아
盟誓 맹서→맹세
木瓜 목과→모과
暮夜 막야→모야
暮春 막춘→모춘
明澄 명등 명증→명징
毋論 모론→무론
無聊 무려 무야→무료
拇印 모인→무인
彌勒 미력→미륵

牡丹峰 목단봉→모란봉

文化蘭 문화난→문화란

(ㅂ)

頒布 분포→반포

拔擢 발요→발탁

拔萃 발취→발췌

幇助 봉조→방조

棒戲 봉희→방희

拜謁 배갈→배알

胚胎 부태→배태

白銅 백동→백통

反庫 반고→번고

反田 반전→번전

便秘 편비→변비

批頰 비협→별협

倂呑 병탐→병탄

布施 포시→보시

僕射 복사→복야

本欄 본난→본란

伏鷄 복계→부계

覆載 복재→부재

不尠 불소→불선

沸水 비수→불수

沸騰 불등→비등

頻數 빈수→빈삭

丕運 부운→비운

顰蹙 빈척→빈축

般若經 빈약경→반야경

方相氏 방상씨→방상시

百分率 백분률→백분율

封采函 봉채함→봉치함

白川溫泉 백천온천→배천온천

兵站基地 병첨기지→병참기지

(ㅅ)

査頓 사둔→사돈

使嗾 사수 사촉→사주

下處 하처→사처

私錢 사전→사천

索漠(寞) 색막→삭막

數脈 수맥→삭맥

數數 수수→삭삭   星宿 성숙→성수
素然 색연→삭연   說客 설객→세객
殺戮 살륙→살육   洗滌 선조 세조→세척
撒布 산포→살포   貰房 세방→셋방
參辰 삼진→삼신   遡及 삭급→소급
芟除 산제→삼제   甦生 갱생→소생
颯爽 풍상 풍협→삽상   殺到 살도→쇄도
桑土 상토→상두   帥先 수선→솔선
相殺 상살→상쇄   水刺 수자 수랄→수라
上梓 상자→상재   戍樓 술루→수루
狀況 상항→상황   馴致 훈치→순치
索引 삭인→색인   數字 수자→숫자
省禮 성례→생례   承諾 승락→승낙
省文 성문→생문   猜忌 청기→시기
棲息 처식→서식   豺狼 재랑→시랑
齟齬 저어 조어→서어   參星 삼성→심성
羨望 섬망→선망   參宿 삼숙→심수
單于 단우→선우   十月 십월→시월
旋律 선률→선율   雙龍 쌍용→쌍룡
葉氏 엽씨→섭씨   司僕寺 사복사→사복시
閃光 선광→섬광   數尿病 수뇨병→삭뇨병

塞翁之馬 색옹지마→새옹지마　　　　誤謬 오유→오류

索隱行怪 삭은행괴→색은행괴　　　　五六 오육→오륙

十襲藏之 십습장지→습습장지　　　　惡心 악심→오심

裟婆世界 사파세계→사바세계　　　　玉璽 옥쇄→옥새

參商之歎 삼상지탄→심상지탄　　　　邀擊 격격→요격

十方淨土 십방정토→시방정토　　　　要諦 요제→요체

　　　　　　　　　　　　　　　　嗚咽 오안→오열

(ㅇ)　　　　　　　　　　　　　　惡辱 악욕→오욕

　　　　　　　　　　　　　　　　惡寒 악한→오한

斡旋 간선→알선　　　　　　　　　迂闊 우활→오활

謁見 알견→알현　　　　　　　　　於乎 어호→오호

軋轢 알록→알력　　　　　　　　　玉敦 옥돈→옥퇴

隘路 익로→애로　　　　　　　　　容喙 용연 용탁→욕훼

隘口 애구→액구　　　　　　　　　月氏 월씨→월지

邪許 사허→야호　　　　　　　　　威嚇 위혁→위하

語句 어귀→어구　　　　　　　　　遊弋 유예→유익

黎明 예명→여명　　　　　　　　　六月 육월→유월

說樂 설락→열락　　　　　　　　　吟味 금마→음미

厭惡 염악→염오　　　　　　　　　弛緩 치완→이완

囹圄 영오→영어　　　　　　　　　泥土 니토→이토

豫度 예도→예탁　　　　　　　　　湮滅 연멸→인멸

仍用 내용→잉용

安全辨 안전변→안전판

於樂章 어락장→오락장

卍字窓 만자창→완자창

猶太人 유태인→유대인

五六月 오륙월→오뉴월

餘裕綽綽 여유탁탁→여유작작

樂山樂水 악산악수→요산요수

泣斬馬謖 읍참마직→읍참마속

日月星宿 일월성숙→일월성수

(ㅈ)

佐飯 좌반→자반

煮沸 자불→자비

孜孜 목목→자자

綽綽 탁탁→작작

箴言 함언→잠언

狀啓 상계→장계

裝塡 장진→장전

這間 언간→저간

吊橋 조교→적교

截斷 재단→절단

正鵠 정고→정곡

靜謐 정일→정밀

稠密 주밀→조밀

凋落 주락→조락

造詣 조자→조예

足恭 족공→주공

周牢 주뢰→주리

駐箚 주답→주차

蠢動 삼동→준동

浚渫 준첩→준설

尊所 존소→준소

櫛比 절비→즐비

支撑 지탱→지탱

塡星 전성→진성

眞諦 진제→진체

盡瘁(悴) 진취→진체

辰宿 진숙→진수

賑恤 진혈→진휼

桎梏 질고→질곡

斟酌 침작→짐작

淨化 쟁화→정하
著者識 저자식→저자지
自家撞着 자가동착→자가당착
自力更生 자력경생→자력갱생

(ㅊ)

斬新 점신→참신
參差 삼차 참차→참치
參詣 삼지 참자→참예
車間 차간→찻간
蒼氓 창망 창민→창맹
悵然 장연→창연
刺殺 자살→척살
喘息 서식→천식
穿鑿 아착→천착
天秤 천평→천칭
掣肘 제주→철주
尖端 열단→첨단
蟄居 집거→칩거
貼付 첨부→첩부
涕淚 제루→체루

焦點 춧점→초점
憔悴 초졸→초췌
數罟 수고→촉고
忖度 촌도→촌탁
衰服 쇠복→최복
衰喪 쇠상→최상
秋毫 추모→추호
贅言 취언→췌언
徵音 징음→치음
砧石 점석→침석
初八日 초팔일→초파일
膵臟病 취장병→췌장병
沈澄池 심등지→침징지
枕頭屛風 침두평풍→침두병풍

(ㅌ)

綻露 정로→탄로
耽溺 탐악→탐닉
貪汚 빈오→탐오
攄得 여득→터득
拓本 척본→탁본

幀畫 정화→탱화　　　偏倚 편기→편의
痛罵 통마→통매　　　捕捉 포촉→포착
慟哭 동곡→통곡　　　暴恣 폭자→포자
洞燭 동촉→통촉　　　褒賞 보상→포상
洞察 동찰→통찰　　　風靡 풍비→풍미
推敲 추고→퇴고　　　扁爪 편과→편조
堆積 추적→퇴적　　　胕痺 부비→포비
退間 퇴간→뒷간　　　爆裂 폭열→폭렬
渝盟 유맹→투맹　　　跛行的 피행적→파행적
偸安 유안→투안　　　辦務官 변무관→판무관
投降 투강→투항　　　標識板 표식판→표지판
推窓 추창→퇴창　　　稗官小說 비관소설→패관소설
闖入 첨입→틈입
吐紬 토유→토주　　　(ㅎ)
度地 도지→탁지
度支部 도지부→탁지부　　下帖 하첩→하체
　　　　　　　　　　割當 활당→할당
　　　　　　　　　　割愛 활애→할애
(ㅍ)　　　　　　　　肛門 홍문→항문
　　　　　　　　　　行伍 행오→항오
辦賞 변상→판상　　　解弛 해치→해이
辦濟 변제→판제　　　諧謔 개학→해학
沛然 시연→패연

行狀 행상→행장　　　　麾下 희하→휘하

絢爛 순란→현란　　　　欣快 흔쾌→흔쾌

見齒 견치→현치　　　　洽足 합족→흡족

眩暈 현군→현훈　　　　詰難 길난→힐난

孑孒 자자→혈혈　　　　萱堂 선당→훤당

血溺 혈닉→혈뇨　　　　嚆矢 호시 교시→효시

蒿雀 고작→호작　　　　行列字 행렬자→항렬자

胡蝶 호첩→호접　　　　見舅姑 견구고→현구고

豪宕 호석→호탕　　　　嫌惡感 염오감→혐오감

屹然 걸연→홀연　　　　休憩所 휴계소→휴게소

花卉 화분→화훼　　　　割腹自殺 활복자살→할복자살

廓清 곽청→확청　　　　合從(縱)連衡 합종연형→합종연횡

豁達 할달→활달　　　　畵龍點睛 화룡점청→화룡점정

況且 항차→황차　　　　喜怒哀樂 희노애락→희로애락

恍惚 광홀→황홀

灰燼 회진→회신

膾炙 회구→회자

回數 회수→횟수

橫暴 횡폭→횡포

嗅覺 취각→후각

薨去 몽거→훙거

3. 잘못 쓰기 쉬운 한자어

(ㄱ)

嘉賞 → 嘉尙	苦盃 → 苦杯
恪別 → 各別	骨字 → 骨子
勘當 → 堪當	功獻 → 貢獻
講議 → 講義	過默 → 寡默
彊土 → 疆土	看手 → 看守
彊域 → 疆域	貫錄 → 貫祿
據占 → 據點	括目相對 → 刮目相對
格差 → 隔差	廣汎 → 廣範
恪鬪 → 格鬪	敎舍 → 校舍
結托 → 結託	口呼 → 口號
硬塞 → 梗塞	氣慨 → 氣槪
缺逼 → 結乏	氣象(日氣) → 氣像(氣槪)
經輪 → 經綸	家庭婦 → 家政婦
警異 → 驚異	開札口 → 改札口
苦腦 → 苦惱	均占 → 均霑

假空的 → 架空的
干瀉地 → 干潟地
公共然 → 公公然
供托金 → 供託金
口說數 → 口舌數
畸型兒 → 畸形兒
居仲調整 → 居中調停
輕擧忘動 → 輕擧妄動
過大忘想 → 誇大妄想
過大廣告 → 誇大廣告
過少評價 → 過小評價
敎導官 → 矯導官
敎科過程 → 敎科課程
口尙乳嗅 → 口尙乳臭
群少業者 → 群小業者
急據 → 急遽

（ㄴ）

奈邊 → 那邊
冷澈 → 冷徹

弄絡 → 籠絡
弄絡 → 籠絡
暖房裝置 → 煖房裝置
路店 → 露店

（ㄷ）

多過 → 多寡
糖密 → 糖蜜
對座 → 對坐
對峠 → 對峙
冬栢 → 冬柏
陶汰 → 淘汰
茶果會 → 茶菓會
短片的 → 斷片的
棟梁 → 棟樑
塗(渡)金液 → 鍍金液
毒說家 → 毒舌家
復寫機 → 複寫器
短刀直入 → 單刀直入

(ㅁ)

麻藥 → 麻藥

慢畫 → 漫畫

名堂 → 明堂

名儀 → 名義

瞑福 → 冥福

木果 → 木瓜

模索 → 摸索

母論 → 毋論

彌慢 → 彌漫(彌滿)

舞諂會 → 舞蹈會

母岳山 → 母岳山

萬壽無疆 → 萬壽無疆

門前玉土 → 門前沃土

密月旅行 → 蜜月旅行

未畢的故意 → 未必的故意

明鏡之水 → 明鏡止水

(ㅂ)

保壘 → 堡壘

放觀 → 傍觀

放從 → 放縱

繁雜 → 煩雜

辯明 → 辨明

倂設 → 竝設(並設)

竝吞 → 倂吞

保母 → 保姆

鋒起 → 蜂起

批難 → 非難

庇護 → 庇護

辨證法 → 辨證法

反複 → 反復

發堀 → 發掘

班點 → 斑點

反發 → 反撥

復利法 → 複利法

縫裁品 → 縫製品

不得己 → 不得已

不徹晝夜 → 不撤晝夜

百年偕佬 → 百年偕老

(ㅅ)

砂漠 → 沙漠

散慢 → 散漫

相克 → 相剋

生侄 → 生姪

序戰 → 緒戰

席捲 → 席卷

先塋 → 先塋

城廓 → 城郭

城趾 → 城址

洗練 → 洗鍊

騷搖 → 騷擾

順致 → 馴致

相馳 → 相値

純朴 → 淳朴

消耗 → 消耗

授精 → 受精

淳化 → 醇化

雙壁 → 雙璧

似以非 → 似而非

少額券 → 小額券

手留彈 → 手榴彈

收攬高 → 收穫高

試練期 → 試鍊期

十戒命 → 十誡命

四十九齊 → 四十九齋

士氣沖天 → 士氣衝天

沙防工事 → 砂防工事

旋廻砲臺 → 旋回砲臺

修練醫師 → 修鍊醫師

循還道路 → 循環道路

時期尙早 → 時機尙早

識者憂患 → 識字憂患

(ㅇ)

暗膽 → 暗澹

若冠 → 弱冠

魚撈 → 漁撈

漁物 → 魚物

嚴然 → 儼然

瀘過 → 濾過

逆麟 → 逆鱗

連座 → 連坐

領首 → 領袖

演譯 → 演繹

完壁 → 完璧

緩化 → 緩和

憶測 → 臆測

闇賣 → 暗賣

僚測 → 燎測

慾望 → 欲望

欲心 → 慾心

肉迫 → 肉薄

倭小 → 矮小

原棉 → 原綿

旺臨 → 枉臨

危脅 → 威脅

倫落 → 淪落

銀杯 → 銀盃(體育記事에만)

移舍 → 移徙

一沫 → 一抹

安全瓣 → 安全瓣

闇去來 → 暗去來

弱少國 → 弱小國

搖地鏡 → 瑤池鏡

潤活油 → 潤滑油

義狹心 → 義俠心

一週年 → 一周年

榮養失調 → 營養失調

慾求不滿 → 欲求不滿

危機一發 → 危機一髮

陰蔽 → 隱蔽

委托販賣 → 委託販賣

人事移動 → 人事異動

一潟千里 → 一瀉千里

一穫千金 → 一攫千金

(ㅈ)

子侄 → 子姪 靜座 → 靜坐

刺客 → 刺客 制禦 → 制御

灼烈 → 灼裂 鍾閣 → 鐘閣

灼烈 → 灼熱 終息 → 終熄

雜踏 → 雜沓 罪相 → 罪狀

壯嚴 → 莊嚴 重復 → 重複

壯重 → 莊重 辰甲 → 進甲

燥急 → 躁急 進捗 → 進陟

齋來 → 齎來 陳痛 → 陣痛

裁培 → 栽培 侄女 → 姪女

咀止 → 沮止 指道 → 指導

咀呪 → 詛呪 陣列室 → 陳列室

專問 → 專門 適定價 → 適正價

咀害 → 沮害 戰蹟趾 → 戰跡址(地)

弔橋 → 吊橋 定札制 → 正札制

弔樓 → 吊樓 中途金 → 中渡金

適示 → 摘示 子女姪 → 子與姪

戰沒 → 戰歿 自初之終 → 自初至終

切半 → 折半 重堅作家 → 中堅作家

專攻課目 → 專功科目

周期運動 → 週期運動

直席演說 → 卽席演說　　　　(ㅌ)

(ㅊ)

纂奪 → 簒奪　　　　　　打鈴 → 打令
慘相 → 慘狀　　　　　　托送 → 託送
嶄新 → 斬新　　　　　　通葉 → 通牒
凄絶 → 悽絶　　　　　　推肥 → 堆肥
悽京 → 凄凉　　　　　　退脚 → 退却
凄慘 → 悽慘　　　　　　退廢 → 頹廢
撒夜 → 徹夜　　　　　　托兒所 → 託兒所
冊字 → 冊子　　　　　　殆不足 → 太不足
趣移 → 推移　　　　　　貧官汚吏 → 貪官汚吏
縮少 → 縮小
祝盂 → 祝杯　　　　　　(ㅍ)
稱呼 → 稱號
侵透 → 浸透　　　　　　波爛 → 波瀾
初創期 → 草創期　　　　判局 → 版局
草路人生 → 草露人生　　舖道 → 鋪道
千態萬像 → 千態萬象　　暴陽 → 曝陽
　　　　　　　　　　　廢鎖 → 閉鎖
　　　　　　　　　　　偏派的 → 偏頗的
　　　　　　　　　　　必須品 → 必需品

必需的 → 必須的

評價切下 → 平價切下

舖裝工事 → 鋪裝工事

披歷 → 披歷

必需科目 → 必須科目

(ㅎ)

降服 → 降伏

俠攻 → 挾攻

亨年 → 享年

惠星 → 彗星

呼令 → 號令

混迷 → 昏迷

惚視 → 忽視

火炎 → 火焰

活達 → 豁達

活步 → 闊步

兇器 → 凶器

兇年 → 凶年

凶漢 → 兇漢

凶人 → 兇人

黑班病 → 黑斑病

廻轉木馬 → 回轉木馬

戶籍騰本 → 戶籍謄本

荒無地 → 荒蕪地

喊口 → 緘口

活發 → 活潑

4. 오해하기 쉬운 비슷한 한자

2劃	3劃	
		子 아들 자
又 또 우	大 큰 대	孑 외로울 혈
叉 엇갈릴 차	犬 개 견	
	尤 더욱 우	勺 구기 작
刀 칼 도		勻 적을 균
⼺ 헝클어질 조	太 클 태	
力 힘 력		口 작은입 구
	弋 주살 익	囗 큰입 구 / 국의 古字
儿 사람 인	戈 창 과	
几 안석 궤		已 이미 이
	干 방패 간	己 자기 기
⼕ 상자 방	于 어조사 우	
⼖ 감출 혜	千 일천 천	4劃
尸 주검 시	土 흙 토	水 물 수
戶 지게 호	士 선비 사	氷 얼음 빙

允 빛날 윤	手 손 수	爪 손톱 조
充 채울 충	丰 예쁠 봉	瓜 오이 과
	丰 풍성할 풍(간자)	
幻 변할 환		仄 기울 측
幼 어릴 유	切 끊을 절	灰 재 회
	功 공세울 공	
勾 굽을 구		5劃
匂 향내 내	午 낮 오	甲 갑옷 갑
	牛 소 우	申 납 신
巨 클 거		
臣 신하 신	天 하늘 천	代 대신 대
	夭 어릴 요	伐 칠 벌
斤 도끼 근		
斥 물리칠 척	卬 나 앙	司 맡을 사
	卯 넷째 지지묘	可 옳을 가
今 이제 금		
令 명령 령	日 날 일	石 돌 석
	曰 말할 왈	右 오른 우
文 글월 문		
攵 두드릴 복	予 나 여	白 흰 백
支 지탱할 지	矛 창 모	自 스스로 자

旦 아침 단
且 또 차

叺 가마니 입
叭 입 벌릴 팔

玉 구슬 옥
王 임금 왕
壬 아홉째 천간 임

皿 그릇 명
血 피 혈

卯 토끼 묘
卵 알 란

未 아닐 미
末 끝 말

臼 절구 구
白 흰 백

史 역사 사
吏 벼슬아치 이

朮 삽주 출
求 구할 구
朮 술(術간자)

矢 화살 시
失 버릴 시

瓦 기와 와
互 서로 호

6劃

成 이룰 성
咸 모두 함

仲 버금 중
伸 펼 신

任 맡길 임
仕 벼슬 사

艮 어긋날 간
良 좋을 양
名 이름 명
各 각각 각

宇 집 우
字 글자 자

早 이를 조
旱 가물 한

糸 실 사
系 이을 계
休 쉴 휴
体 몸 체

戎 되 융
戒 경계 계

圮 무너질 비
圯 흙다리 이

朽 썩을 후
栂 속빌 효

汗 땀 한
汚 더러울 오

冲 빌 충
冲 冲 속자

7劃
具 갖출 구
貝 조개 패

李 오얏 이
季 끝 계

邱 언덕 구
邸 집 저

挑 돋울 도
佻 경박할 조
桃 복숭아 도

杆 박달나무 간
杅 물잔 우

困 괴로울 곤
囷 곳집 균

灸 뜸 구
炙 구울 자

免 면할 면
兎 토끼 토

伺 엿볼 사
何 어찌 하

辛 매울 신
幸 다행 행

冶 꾸밀 야
治 다스릴 치

圻 경기 기
坼 터질 탁

抔 움킬 부
杯 잔 배

折 꺾을 절
析 쪼갤 석

災 재앙 재
炎 불탈 염

往 갈 왕
住 살 주

注 물댈 주
汪 넓을 왕

枝 가지 지
技 재주 기

抗 항거 항
坑 구덩이 갱

亨 형통할 형
享 누릴 향

汰 흐릴 태
汱 물샐 견

肓 명치끝 황
盲 장님 맹

汨 빠질 골
汩 흐를 율

采 분별할 변
采 캘 채

酉 닭 유
西 서쪽 서

攻 칠 공
改 고칠 개

弟 아우 제
夷 오랑캐 이

8劃
社 단체 사
杜 닫을 두

孤 외로울 고
弧 활 호

昆 맏형 곤
毗 도울 비

屆 다다를 계
屈 굽힐 굴

抱 안을 포
拘 잡을 구

券 문서 권
卷 세뇌 권

明 밝을 명
朋 벗 붕

牧 기를 목
收 거둘 수

宮 집 궁
官 벼슬 관

柬 가릴 간
東 동쪽 동

妹 누이 매
妹 여자 이름말

芧 도토리나무 서　　侍 모실 시　　　刺 찌를 자
茅 띠 모　　　　　　待 기다릴 대　　刺 어그러질 랄

析 가를 석　　　　　宜 마땅 의　　　協 맞을 협
柝 열 탁　　　　　　宣 베풀 선　　　恊 생각 협

孟 맏 맹　　　　　　柝 열 탁　　　　忽 소홀히 할 홀
盂 사발 우　　　　　拆 터질 탁　　　忩 바쁠 총

罔 그물 망　　　　　易 쉬울 이(바꿀역)　臾 잠깐 유
岡 언덕 강　　　　　昜 볕 양　　　　　叟 늙을 수

沓 넘칠 답　　　　　率 거느릴 솔(장수
畓 논 답　　　　　　　　수, 비율율)

　　　　　　　　　　卒 군사 졸　　　　9劃
杳 어둘 묘(杳然)
査 조사할 사(照査)　或 혹시 혹　　　拾 주을 습
　　　　　　　　　　彧 문채 욱　　　捨 버릴 사

玟 옥돌 민
玫 구슬 매　　　　　坰 들 경　　　　施 베풀 시
　　　　　　　　　　垌 항아리 동　　旋 돌 선

迫 닥칠 박
追 쫓을 추

帥 장수 수
師 스승 사

冠 갓 관
寇 도둑 구

便 편할 편
使 부릴 사

客 손 객
容 얼굴 용

候 물을 후
侯 과녁 후

枰 바둑판 평
秤 저울 칭

怒 성낼 노
恕 용서 서

厚 두터울 후
原 근원 원

昴 밝을 앙
昴 별자리 묘

若 같을 약
苦 쓸 고

舂 봄 춘
舂 찧을 용

竿 장대 간
竽 피리 우

奏 아뢸 주
秦 진나라 진

技 재주 기
枝 가지 지

思 생각 사
恩 은혜 은

苔 이끼 태
笞 볼기 태

述 지을 술
逑 짝 구

柴 섶 시
紫 자줏빛 자

廻 돌 회
逈 멀 형

10劃
俳 광대 배
徘 노닐 배

紋 무늬 문	徒 무리 도	栽 심을 재
絞 목맬 교	徙 옮길 사	裁 마름질 재
俓 곧을 경	眠 잠잘 면	毫 터럭 호
徑 지름길 경	眼 눈 안	亳 땅이름 박
翁 늙은이 옹	栗 밤 율	淸 차가울 청
翕 합할 흡	粟 조 속	淸 맑을 청
茶 차 다	凍 얼 동	准 승인 준
荼 씀바귀 도	湅 소나기 동	淮 물회, 강이름 회
班 나눌 반	訐 폭로 알	祐 도울 우
斑 얼룩 반	訏 속일 우	祜 복 호
捐 버릴 연	宴 잔치 연	跗 책상다리 부
損 덜 손	晏 늦을 안	跌 넘어질 질
烏 까마귀 오	疸 황달 달	陜 좁을 협
鳥 새 조	疽 등창 저	陝 땅이름 섬

殷 은나라 은
段 구분 단　　　偏 치우칠 편　　　堆 언덕 퇴
　　　　　　　　偏 두루 편　　　　推 밀 추

針 바늘 침
釘 못 정　　　　　庾 곳집 유　　　荻 물억새 적
　　　　　　　　廋 숨길 수　　　萩 사철쑥 추

冢 무덤 총
冡 덮어쓸 몽　　　梁 들보 양　　　場 밭두둑 역
　　　　　　　　粱 기장 양　　　場 마당 장

拿 잡을 나
拳 주먹 권　　　　崇 높을 숭　　　象 코끼리 상
　　　　　　　　祟 빌미 수　　　衆 무리 중

11劃
貧 가난 빈　　　　密 빽빽할 밀　　　連 이을 연
貪 탐할 탐　　　　蜜 꿀 밀　　　　速 빠를 속

陳 늘어놓을 진　　參 셋 삼　　　理 다스릴 이
陣 진칠 진　　　　叅 참작할 참　　埋 묻을 매

堅 굳을 견　　　　逐 쫓을 축　　　商 장사 상
竪 더벅머리 수　　遂 이를 수　　　商 밑동 적

12劃

塔 탑 탑
搭 탈 탑
雅 우아 아
稚 어릴 치

貴 귀할 귀
責 꾸짖을 책

植 심을 식
稙 올벼 직

貸 빌릴 대
賃 품팔 임

間 사이 간
閒 틈 한

堤 벙죽 제
提 당길 제

傅 스승 부
傳 전할 전

腎 콩팥 신
賢 어질 현
卿 벼슬 경
鄕 시골 향

奠 제사지낼 전
尊 높을 존

裸 벗을 나
棵 땔나무 과

棄 버릴 기
葉 잎새 엽

菅 골풀 관
管 피리 관

棟 용마루 동

楝 먹구슬나무 련
筋 힘줄 근
筯 젓가락 저

雰 안개 분
零 아무것도 없을 영

逵 한길 규
達 통달 달

剳 낫 답
箚 찌를 차

晴 갤 청
睛 눈동자 정

會 모일 회
曾 일찍 증

敝 해질 폐
敞 높을 창

喧 의젓할 훤　　　幹 줄기 간　　　搏 잡을 박
暄 따뜻할 훤　　　斡 관리할 알　　　摶 뭉칠 단

勤 부지런할 근　　揆 헤아릴 규　　　署 관청 서
動 움직일 동　　　撥 다스릴 발　　　暑 더위 서

普 널리 보　　　　搖 흔들릴 요　　　瑩 밝을 영
晉 나라 진　　　　搔 긁을 소　　　　塋 무덤 영
晋 나아갈 진

　　　　　　　　　酩 술취할 명　　　僧 중 승
延 끌 연　　　　　酪 진한 술 락　　　儈 거간 쾌
廷 조정 정

　　　　　　　　　意 뜻 의　　　　　嗚 탄식 오
復 돌아올 복　　　竟 다할 경　　　　鳴 울 명
複 겹옷 복

　　　　　　　　　傍 곁 방　　　　　裏 속 리
13劃　　　　　　　榜 매 방　　　　　粿 쌀 과

微 작을 미　　　　義 옳을 의　　　　14劃
徵 부를 징　　　　羲 숨쉴 희　　　　岡 언덕 강
　　　　　　　　　　　　　　　　　　罔 그물 망

齊 갖출 제
齋 엄숙, 공경 재

誠 정성 성
諴 화할 함

模 법 모
摸 찾을 모

塾 글방 숙
塾 낮은 땅에 빠질 점

遣 보낼 견
遺 끼칠, 전할 유

榮 영화 영
濚 물결 영

熊 곰 웅
態 모양 태

稿 원고 고
槁 메마를 고
兢 삼갈 긍
競 겨룰 경

暝 어두울 명
瞑 눈감을 명

膊 포 박
膞 장단지 전

15劃

緩 느릴 완
綬 실끈 수

撤 거둘 철
撒 뿌릴 살

摩 갈 마
麾 지휘 휘

潁 강 이름 영
穎 이삭 영

誼 옳을 의
諼 속일 훤

獎 권면할 장
漿 미음 장

蓬 쑥 봉
篷 뜸 봉

衡 저울대 형
衝 부딪칠 충

慨 슬플 개
概 대개 개

毆 때릴 구
歐 노래할 구

弊 해칠 폐
幣 돈 폐

興 흥할 흥
與 줄 여

16劃

墾 따비 간
懇 정성 간

錫 주석 석
鍚 방패 뒤쪽무늬 양

磨 갈 마
摩 만질, 비빌 마

歷 지낼 역
曆 책력 역

縛 묶을 박

縳 흰(하얀) 전
壁 벽 벽
璧 둥근옥 변

頻 자주 빈
頰 뺨 협

餐 먹을 찬
饗 잔치 향

17劃

難 어려울 난
雖 비록 수

薄 엷을 박
簿 장부 부

斂 거둘 렴
歛 바랄 감

簷 치자나무 담

簷 처마 첨
鐘 종 종
鍾 쇠북 종

燮 불꽃 섭
變 변할 변

縱 늘어질 종
縱 머리싸개 쇄

薛 향부자 설
薜 당귀 벽

禪 봉선 선
襌 홑옷 단

鍛 단련 단
鍜 목투구 하

18劃
藉 깔개 자

籍 문서 적

雙 쌍 쌍

隻 외짝 척

贅 군더더기 췌

贄 폐백 지

籃 바구니 람

藍 쪽남, 남색 남

繪 그림 회

繒 비단 증

19劃

壞 무너질 괴

壤 흙 양

隱 숨길 은

穩 평온 온

20劃

纂 모을 찬

簒 빼앗을 찬

嚴 엄할 엄

巖 바위 암

騰 오를 등

謄 베낄 등

비슷한 모양의 3개 한자

人 사람 인

入 들 입

八 여덟 팔

己 몸 기

已 이미 이

巳 뱀 사

句 글 구

旬 열흘 순

甸 경기 전

母 어미 모

毋 아닐 무

毌 꿰뚫을 관

戊 무성 무

戌 개 술

戍 지킬 수

果 실과 과

杲 밝을 고

呆 바보 매

坦 평평할 탄

垣 담 원

担 맡을 담

科 과정 과

枓 물뜨개 두

料 헤아릴 요	胃 밥통 위	晝 낮 주
	胄 혈통 주	畵 그림 화
哀 슬플 애	冐 무릅쓸 모	
衰 약할 쇠		哲 밝을 철
衷 정성 충	書 글 서	晢 밝을 절
		晰 밝을 석

5. 사자 숙어(四字熟語)

ㄱ

呵 呵 大 笑
웃을가 웃을가 큰대 웃을소

소리를 크게 내어 껄껄 웃음.

家 家 戶 戶
집가 집가 집호 집호

집집마다(가정마다)

可 考 文 蹟
옳을가 생각고 글월문 사적적

후일에 참고가 될 만한 문서.

苛 斂 誅 求
매울가 거둘렴 벌줄주 구할구

세금을 가혹하게 징수함.

刻 骨 難 忘
새길각 뼈골 어려울난 잊을망

은혜가 뼈에 새겨져 잊혀지지 않음.

刻 骨 痛 恨
새길각 뼈골 아플통 원통할한

원한이 뼈에 사무쳐 잊히지 않아 크게 한탄함.

佳 人 薄 命
고울가 사람인 엷을박 목숨명

얼굴이 예쁜 여자는 운명이 기구함.

刻 舟 求 劍
새길각 배주 구할구 칼검

떠가는 배에서 칼을 떨어뜨리고 떨어진 자리에 표시를 하였다가 배가 정박한 뒤에 표한 자리에서 칼을 찾는다는 뜻으로 사람이 미련하고 융통성이 없음을 비유.

艱 難 辛 苦
어려울간 어려울난 매울신 쓸고

갖은 고초를 겪음.

看 雲 步 月
볼간 구름운 걸음보 달월

낮에는 구름을, 밤에는 달을 보고 걸으며 가족과 집 생각을 함.

間 於 齊 楚
사이간 에서어 다스릴제 나라초

약자가 강자 틈에 끼여 괴로움을 당함.

甘 言 利 說
달감 말씀언 이로울이 말씀설

달콤한 말과 듣기 좋은 소리로 꾐.

甘 呑 苦 吐
달감 삼킬탄 쓸고 토할토

달면 삼키고 쓰면 뱉음. 유리하면 따르고 불리하면 버림.

甲 男 乙 女
갑옷갑 사내남 새을 계집녀

신분도 없고 이름도 알려지지 아니한 평범한 사람.

甲 論 乙 駁
갑옷갑 말할론 새을 어긋날박

서로 논하고 반박함.

康 衢 煙 月
편안강 네거리구 연기연 달월

태평한 시대의 큰 길거리에 보이는 평화스러운 풍경.

改 過 遷 善
고칠개 지날과 옮길천 착할선

지난 잘못을 뉘우치고 착하게 됨.

去 頭 截 尾
갈거 머리두 끊을절 꼬리미

앞뒤의 사설을 빼고 요점만 말함.

車 載 斗 量
수레거 실을재 말두 부피량

차에 싣고 말로 될 만큼 물건이 흔하거나 많음.

乾 坤 一 擲
하늘건 땅곤 하나일 던질척

흥망을 걸고 단판걸이로 승부를 겨룸.

乞 兒 得 錦
빌걸 아이아 얻을득 비단금

거지 아이가 비단을 얻다. 분수에 넘친 것을 지나치게 자랑함.

隔 世 之 感
사이뜰격 세대세 갈지 느낄감

딴 세대와 같이 몹시 달라진 느낌.

格 物 致 知
바를격 만물물 이를치 알지

주자학 :사물의 본질이나 이치를 끝까지 연구하여 후천적 지식을 닦음.
양명학 :자기 생각의 잘못을 바로 잡고 선천적인 양지(良知)를 닦음.

隔 靴 搔 癢
사이뜰격 신발화 긁을소 가려울양

신을 신고 발바닥을 긁는다는 뜻으로 일이 성에 차지 않음을 비유.

牽 强 附 會
끌견 굳셀강 붙일부 모일회

말을 억지로 끌어 붙여 자기 의견을 합리화시킴.

見 利 思 義
볼견 유익리 생각사 옳을의

재물을 보면 의를 먼저 생각함.

犬 馬 之 勞
개견 말마 갈지 일할로

자기 노력을 낮추어 겸손히 일컬음.

見 蚊 拔 劍
볼견 모기문 뽑을발 칼검

모기 잡자고 칼 빼다는 말로 하찮은 일에 지나치게 성을 내고 덤빔.

見 物 生 心
볼견 만물물 날생 마음심

좋은 물건을 보면 욕심이 생김.

見 危 授 命
볼견 위험위 줄수 목숨명

나라가 위태로울 때 자기 목숨을 바침.(見危致命)

堅忍不拔
굳을견 참을인 아닐불 뽑을발
굳게 참고 견디어 흔들리지 아니함.

結者解之
맺을결 놈자 풀해 갈지
묶은 사람이 풀어야 한다는 말로 일을 저질러 놓은 사람이 해결함.

結草報恩
맺을결 풀초 갚을보 은혜은
죽어 혼령이 되어도 은혜를 잊지 않고 갚음.

輕擧妄動
가벼울경 들거 허망망 움직일동
경솔하고 분수 없이 행동함.

謙讓之德
겸손겸 양보양 갈지 큰덕
겸손하고 사양하는 미덕.

兼人之勇
겸할겸 사람인 갈지 과감용
능히 몇 사람을 당해낼 만한 용기.

經國濟世
글경 나라국 건질제 세상세
나라 일을 경륜하여 세상을 건짐.

傾國之色
기울경 나라국 갈지 빛깔색
나라가 뒤집혀도 모를 만하게 뛰어난 미인.

耕山釣水
밭갈경 뫼산 낚시조 물수
산에 밭을 갈고 물고기를 낚으며 속세를 떠나 한가로이 지냄.

敬而遠之
공경경 말이을이 멀원 갈지
존경하기는 하되 가까이 하지는 아니함.

鯨戰蝦死
고래경 싸울전 새우하 죽을사
고래 싸움에 새우등 터진다. 강자들 싸움에 아무 관계도 없는 약한 자가 피해를 봄.

驚天動地
놀날경 하늘천 움직일동 땅지
하늘이 놀라고 땅이 흔들릴 만큼 큰 일.

鷄卵有骨 닭계 알란 있을유 뼈골	달걀에도 뼈가 있다는 뜻으로 뜻밖의 장애를 이름.
鷄鳴狗盜 닭계 울명 개구 훔칠도	전국시대 맹상군은 삼천 식객을 거느렸는데 맹상군이 위기에 빠졌을 때, 식객들의 도둑질과 닭 우는소리로 위기를 모면하였다는 고사에서 나온 말로, 천한 재주도 쓸모가 있음.
呱呱之聲 울고 울고 갈지 소리성	아이가 태어나면서 우는 소리.
股肱之臣 넓적다리고 팔뚝굉 갈지 신하신	임금이 가장 믿고 중히 여기는 신하.
孤軍奮鬪 외로울고 군사군 성낼분 싸울투	수가 적고 지원군 없는 군대가 강한 적과 용감하게 싸움. 적은 인원으로 남의 도움 없이 힘든 일을 해냄.
高臺廣室 높을고 대대 넓을광 집실	높은 대에 있는 넓은 집. 매우 큰 집.
故心慘憺 쓸고 마음심 참혹할참 평온담	몹시 애를 쓰며 근심하고 걱정함.
苦中作樂 쓸고 가운데중 지을작 즐길락	괴로움 속에서도 낙을 찾아 즐김.
苦盡甘來 쓸고 다할진 달감 올래	고생 끝에 낙이 옴.
固執不通 굳을고 잡을집 아닐불 통할통	고집이 세고 융통성이 전혀 없음.
孤枕單衾 고독고 베개침 홑단 이불금	외로운 베개와 한 자락 이불. 젊은 여자가 혼자 쓸쓸히 잠.

高 枕 肆 志
높을고 베개침 방자사 뜻지

높은 베개를 베고 마음대로 한다. 재산이 많아 하릴없이 한가하게 지냄.

高 枕 安 眠
높을고 베개침 편안안 잠잘면

베개를 높이 베고 편히 잔다. 곧 근심 걱정 없이 편히 삶. 편안한 상태.

孤 立 無 援
외로울고 설 립 없을무 당길원

외톨이가 되어 도움을 받을 데가 없음.

膏 粱 珍 味
살찔고 곡식량 보배진 맛미

기름진 고기와 좋은 곡식으로 만든 맛있는 음식.

高 山 流 水
높을고 뫼 산 흐를유 물수

높은 산과 흐르는 물.

孤 城 落 日
외로울고 성 성 떨어질낙 날일
(성읍성)

외로운 성에 지는 해란 뜻으로, 권세가 다하여 의지할 데 없는 외로운 신세 비유.

孤 臣 寃 淚
외로울고 신하신 원통할원 눈물루

임금의 사랑을 잃은 외로운 신하의 원통한 눈물.

姑 息 之 計
시어미고 숨쉴식 갈지 계략계

근본 해결책이 아닌 임시 모면하는 일시적인 계책.

苦 肉 之 計
쓸고 고기육 갈 지 계략계

어려운 처지에서 벗어나려고 제 몸을 괴롭혀 가면서까지 짜내는 계책.

孤 掌 難 鳴
외로울고손바닥장 어려울난 울릴명

한 손으로 손뼉 못 치듯 혼자서는 일을 이루기 어려움.

曲 肱 之 樂
굽을곡 팔뚝굉 갈지 즐거울락

팔을 베개삼고 누워 사는 가난한 생활이라도 도에 살면 그 속에 즐거움이 있다는 말.

曲 學 阿 世
굽을곡　배울학　언덕아　세대세

학문을 왜곡하여 시세(時勢)나 권력
자에게 아첨함.

公 明 正 大
공변공　밝을명　바를정　큰대

하는 일이나 태도가 떳떳하고 정당함.

骨 肉 相 殘
뼈골　고기육　서로상　해칠잔

같은 혈족끼리 서로 해치고 죽임.(骨
肉相爭)

骨 肉 之 情
뼈골　고기육　갈지　뜻정

가까운 친족끼리의 의로운 정분.

骨 肉 之 親
뼈골　고기육　갈지　친할친

부모·자식·형제·자매 등의 가까운 혈족.

空 中 樓 閣
빌공　가운데중　다락누　집각

공중에 집을 짓듯 근거나 현실적 토
대가 없는 사물을 이름.

公 平 無 私
공평공　평평할평　없을무　개인사

공정하고 평평하여 사사로움이 없음.

誇 大 妄 想
자랑할과　큰대　허망망　생각상

턱없이 지나치게 생각함.

過 恭 非 禮
지날과　공손공　아닐비　예도례

지나친 공손은 오히려 예의에 벗어남.

瓜 田 李 下
오이과　밭전　오얏이　아래하

참외밭에서 신 끈 고쳐 매지 말고 오얏나
무 아래서 갓 고쳐 쓰지 말라. 의심 살
일을 하지 않음.

管 鮑 之 交
피리관 절인어물포 갈지 사귈교

제(濟)나라 관중(管仲)과 포숙(鮑叔)처럼 깊이 교제하는 친구 사이.

矯 角 殺 牛
고칠교 뿔각 죽일살 소우

뿔을 고치려다가 소를 죽인다는 말로, 더 잘하려다 더 잘못됨.

巧 言 令 色
예쁠교 말씀언 명할영 빛깔색

아첨하는 교묘한 말과 보기 좋게 꾸미는 얼굴.

救 國 干 城
건질구 나라국 방패간 성읍성

나라를 구하여 지키는 믿음직한 군인이나 인물.

九 曲 肝 腸
아홉구 굽을곡 간장간 창자장

굽이굽이 깊이 든 마음 속.

口 蜜 腹 劍
입구 꿀밀 배복 칼검

달콤하게 말하면서 속에는 칼을 품는다는 말로 겉으로는 안 그런 척하면서 속으로는 해칠 생각을 품음.

九 牛 一 毛
아홉구 소우 한일 터럭모

많은 것 가운데 아주 작은 것 하나.

九 死 一 生
아홉구 죽을사 한일 날생

여러 차례 죽을 고비를 겪고 간신히 목숨을 건짐.

九 折 羊 腸
아홉구 꺾을절 양양 창자장

아홉 번 꺾인 양의 창자처럼 곡절이 많고 해결하기에 어려움이 많음.

群 鷄 一 鶴
무리군 닭계 하나일 두루미학

사람이 많은 가운데 뛰어난 사람을 말함.

君 子 三 樂
임금군 아들자 셋삼 즐거울락

군자의 세 가지 낙.
첫째, 부모 형제가 무고하고
둘째, 천지간에 부끄러울 것이 없고
셋째, 좋은 영재를 교육하는 것.

軍 令 泰 山 군사군 명령령 클태 뫼산	군대의 명령은 태산같이 무거움.
窮 餘 之 策 궁할궁 남을여 갈지 계책책	매우 어려운 가운데 짜낸 한 가지 계책.(窮餘一策)
勸 善 懲 惡 권할권 착할선 벌줄징 악할악	착한 행실을 권장하고 악한 행실을 징계함.
捲 土 重 來 말을권 흙토 무거울중 올래	실패한 뒤에 힘을 가다듬어 다시 일어남.
琴 瑟 之 樂 거문고금 큰거문고슬 갈지 즐길락	부부가 화목한 가운데 즐김.
錦 衣 夜 行 비단금 옷의 밤야 다닐행	비단옷 입고 밤길 가기. 아무 의미 없는 행동.
錦 衣 還 鄉 비단금 옷의 돌아올환 시골향	성공하여 고향으로 돌아옴.
骨 肉 相 爭 뼈골 고기육 서로상 다툴쟁	부모·자식·형제·자매 등이 서로 싸움.
過 去 之 事 지날과 갈거 갈지 일사	이미 지난 일. 과거사.
過 目 不 忘 지날과 눈목 아닐불 잊을망	한 번 본 것은 절대 잊지 않음.
夸 父 追 日 자랑과 아비부 쫓을추 날일	중국 고대에 과부라는 사람이 해를 잡으려고 그림자를 따라가다 도중에 목이 말라죽었다는 고사에서 유래. 자기 주제를 모르고 큰 일을 계획함.

過 猶 不 及
지날과 오히려유 아닐불 미칠급

정도가 지나침은 도리어 미치지 못한 것만 못함.

管 中 之 天
피리관 가운데중 갈지 하늘천

대통으로 하늘을 보듯 소견이 매우 좁음을 일컬음.

刮 目 相 對
긁을괄 눈목 서로상 대할대

학식이나 실력이 두드러지게 높아져 놀라움으로 바라봄.

交 淺 言 深
사귈교 얕을천 말씀언 깊을심

사귄 지는 얼마 안 되어도 심중의 깊은 것을 말함.

敎 學 相 長
가르칠교 배울학 서로상 긴장

가르치거나 배우는 것이 모두 학업을 증진시킴.

口 耳 之 學
입구 귀이 갈지 배울학

남에게 들은 것을 새기지 못한 채 겨우 들은 대로밖에 전하지 못하는 천박한 학문.

求 田 問 舍
구할구 밭전 물을문 집사

나라의 큰일에는 뜻이 없고 자기 이익에만 마음을 씀.

國 土 如 來
나라국 흙토 같을여 올래

국토를 석가여래에 비유하여 높여 부르는 말.

群 雄 割 據
무리군 수컷웅 나눌할 증거거

영웅들이 세력을 다투어 땅을 갈라 버팀.

窮 餘 一 策
궁할궁 남을여 하나일 계책책

막다른 처지에서 짜내는 한 가지 계책.

窮 鳥 入 懷
궁할궁 새조 들입 품을회

포수에게 잡히게 된 새가 포수 품으로 날아든다는 말로 쫓기어 궁지에 빠짐.

權 謀 術 數
권세권 꾀할모 꾀술 셀수

목적 달성을 위해 수단과 방법을 가리지 않고 쓰는 교묘한 술책.

權 不 十 年 권세권 아닐불 열십 해년	권세는 십 년을 못 간다는 말로 권력은 짧다는 말.
貴 鵠 賤 鷄 귀할귀 따오기곡 천할천 닭계	따오기를 귀히 여기고 닭을 우습게 본다는 뜻으로 상관없는 것은 귀히 여기고 가까운 것을 천히 여김.
克 己 復 禮 이길극 몸기 돌아올복 예도례	사욕을 누르고 예에 돌아감.
僅 僅 得 生 겨우근 겨우근 얻을득 날생	겨우겨우 살아감.
近 墨 者 黑 가까울근 먹묵 사람자 검을흑	먹을 가까이 하면 먹이 묻듯 나쁜 사람과 가까이하면 악에 물들기 쉬움.
金 科 玉 條 쇠금 조목과 구슬옥 가지조	금과 같은 법률, 옥과 같은 규정, 귀중한 법률이나 규정.
金 蘭 之 契 쇠금 난초란 갈지 맺을계	친한 친구 사이의 깊은 사귐.
金 蘭 之 交 쇠금 난초란 갈지 사귈교	매우 친밀한 교제.
錦 鱗 玉 尺 비단금 비늘린 구슬옥 자척	비단 같은 비늘에 옥 같은 한 자 짜리 큰 물고기.
錦 上 添 花 비단금 위상 더할첨 꽃화	좋은 일에 더 좋은 일이 보태어짐.
金 城 鐵 壁 쇠금 성성 쇠철 벽벽	쇠로 만든 것같이 굳은 성벽.
金 城 湯 池 쇠금 성성 물끓탕 못지	끓어오르는 못에 둘러싸인 무쇠 성이란 뜻으로, 방비가 아주 견고함.

琴 瑟 相 和
거문고금 비파슬 서로상 화할화

거문고와 비파가 조화를 이루듯 화목한 부부.

錦 衣 夜 行
비단금 옷의 밤야 다닐행

비단 옷을 입고 밤길 걷기, 즉 보람 없는 공연한 행동.

金 枝 玉 葉
쇠금 가지지 구슬옥 잎엽

금으로 가지를 만들고 옥으로 잎을 만든 듯, 매우 귀한 자손.

氣 高 萬 丈
기운기 높을고 만만 어른장

일이 뜻대로 잘 될 때 기꺼워하거나, 대단히 노했을 때의 언사와 행동.

起 死 回 生
일어날기 죽을사 돌회 날생

죽을 뻔하다가 살아남.

欺 世 盜 名
속일기 세상세 훔칠도 이름명

세상을 속이고 이름을 도둑질함.

騎 虎 之 勢
말탈기 범호 갈지 세도세

범을 탄 형국. 이럴 수도 저럴 수도 없는 처지.

落 榜 擧 子
떨어질낙 매질방 들거 아들자

무슨 일에 참여하려다 제외된 사람.

洛 陽 紙 貴
강이름낙 볕양 종이지 귀할귀

낙양의 지가를 올린다는 뜻으로 문장이 뛰어남.

難 攻 不 落
난처난 칠공 아닐불 떨어질락

공격하여 쳐부수기 어려움.

爛 商 討 議
데울난 장사상 칠토 의논의

낱낱이 들어 엄밀히 토의함.

難 兄 難 弟
어려울난 형형 힘들난 아우제

형과 아우를 가리기 어렵다는 말로 우열을 분간키 힘듦.

南 柯 一 夢
남녘남 줄기가 하나일 꿈몽

덧없이 지나간 한때의 부귀나 영화를 일컬음.

南 橘 北 枳
남녘남 귤나무귤 북녘북 탱자지

남쪽에 가면 귤이 되고 북에 가면 탱자가 됨. 처지가 달라짐에 따라 변함.

南 男 北 女
남녘남 사내남 북북 계집녀

남쪽에는 남자가 잘나고 북쪽에는 여자가 아름다움.

男 負 女 戴
사내남 질부 계집여 일대

남자는 짊어지고 여자는 이고, 가난한 사람들이 떠돌아다니는 모양.

南 田 北 畓
남녘남 밭전 북녘북 논답

여기저기 흩어져 있는 모든 논밭.

囊 中 之 錐
주머니낭 중간중 갈지 송곳추

주머니 속의 송곳이란 말로 재능이 뛰어난 사람은 어디서든 재능을 발휘함.

內 富 外 貧
안내 부자부 밖외 가난빈

겉으로는 가난한 듯하나 속으로는 부유함.

內 省 不 疚
안내 살필성 아닐불 괴로울구

마음속으로 조금도 부끄러움을 갖지 않음.

內 憂 外 患
안내 근심우 밖외 근심환

안팎으로 쌓인 근심 걱정.

內 柔 外 剛
안내 부드러울유 밖외 굳셀강

속은 약하면서 겉으로는 강한 체함.

累卵之勢
포갤누 알란 갈지 기세세
알을 쌓아 놓은 것같이 매우 위태로움. (累卵之危)

老馬之智
늙을노 말마 갈지 지혜지
아무리 하찮은 사람이라도 나름대로의 장점이 있음.

勞心焦思
일할노 마음심 애탈초 생각사
마음을 쓰고 속을 태움, 몹시 애를 씀.

綠陰芳草
초록녹 응달음 꽃방 풀초
푸른 나무 그늘과 향기로운 풀. 여름의 자연 경치.

綠衣紅裳
초록녹 옷의 붉을홍 치마상
파란 저고리에 빨간 치마, 즉 여인의 고운 옷차림.

論功行賞
의논논 공로공 다닐행 상줄상
공적의 크고 작음을 따져 그에 알맞은 상을 줌.

弄瓦之慶
희롱농 기와와 갈지 경사경
딸을 낳은 즐거움.

陵遲處斬
언덕능 더딜지 곳처 벨참
머리, 손, 발 등 몸을 토막치는 극형.

多岐亡羊
많을다 갈림기 망할망 양양
학문에는 갈래가 너무 많아 진리를 찾기가 어려움.

多多益善
많을다 많을다 이로울익 착할선
많으면 많을수록 좋음.

多 聞 博 識
많을다 들을문 넓을박 알식

견문이 넓고 학식이 풍부함.

多 事 多 難
많을다 일사 많을다 어려울난

여러 가지 일도 많고 어려움도 많음.

斷 金 之 交
끊을단 쇠금 갈지 사귈교

쇠도 자를 만큼 정이 두터운 친구간의 교분.

單 刀 直 入
홑단 칼도 곧을직 들입

군말은 빼고 요점만 말함.

丹 脣 皓 齒
붉을단 입술순 흴호 이빨치

붉은 입술과 흰 치아라는 뜻으로 아름다운 여자의 비유.

簞 食 瓢 飮
대그릇단 밥(식)사 표주박표 마실음

도시락과 표주박 물이라는 뜻, 간소하고 소박한 생활.
(참고 : 밥식의 식을 사로 읽음)

堂 狗 風 月
집당 개구 바람풍 달월

서당개 삼년에 풍월 읊는다. 무식한 사람이라도 유식한 사람과 지내면 다소 알게 된다.

螳 螂 拒 轍
사마귀당 사마귀랑 막을거 바퀴자국철

제 분수를 모르고 강적에게 대드는 것.

大 器 晩 成
큰대 그릇기 늦을만 이룰성

크게 되는 사람은 늦게 이루어짐.

大 驚 失 色
큰대 놀랄경 잃을실 색깔색

너무 놀라 얼굴 색이 질림.

大 同 小 異
큰대 같을동 작을소 다를이

거의 같음.

大辯如訥
큰대 말잘할변 같을여 말더듬을눌
대군자의 말은 듣기에 어물어물하는 듯하나 실지로는 훌륭한 변설임.

大謀不謀
큰대 꾀할모 아닐불 꾀할모
큰 계략에는 잔꾀를 부리지 않음.

對牛彈琴
대할대 소우 탄알탄 거문고금
소에게 거문고 소리를 들려준다는 말로 어리석은 자에게는 도리를 가르쳐 주어도 깨닫지 못함.

道聽塗說
길도 들을청 칠할도 말씀설
길거리에 퍼진 뜬소문을 오다가다 들은 말.

塗炭之苦
진흙도 숯탄 갈지 쓸고
수렁이나 숯불에 떨어진 것 같은 괴로움을 당함.

獨不將軍
홀로독 아닐불 장수장 군사군
홀로는 장군이 못 됨. 여럿의 도움 없이 혼자의 힘으로는 할 수 없음.

同價紅裳
한가지동 값가 붉을홍 치마상
같은 값이면 다홍치마, 같은 돈을 줄 바엔 좋은 것.

同苦同樂
한가지동 쓸고 같을동 즐길락
괴로움과 즐거움을 함께 함.

東問西答
동쪽동 물을문 서쪽서 대답답
묻는 말에 전혀 엉뚱한 대답을 함.

東奔西走
동녘동 바쁠분 서녘서 달릴주
이리 저리 분주하게 뛰어다님.

同病相憐
같을동 질병병 서로상 가여울련
처지가 비슷한 사람끼리 서로 동정함.

凍氷寒雪
얼동 얼음빙 찰한 눈설
얼음이 얼고 눈보라가 치는 추위.

同 而 不 和
같을동 말이을이 아닐불 화할화

겉으로는 같은 것 같지만 속으로는
그렇지 않음.

同 床 異 夢
같을동 상상 다를이 꿈몽

행동은 같이 하면서도, 서로 다른
생각을 함.

東 征 西 伐
동쪽동 칠정 서쪽서 공격벌

여러 나라를 이리 저리로 쳐버림.

杜 門 不 出
닫을두 문문 아닐불 날출

방안에 처박혀서 밖에 나가지 않음.

登 高 自 卑
오를등 높을고 몸소자 낮을비

높은 곳을 오르려면 낮은 데서부터 출
발해야 하듯 매사는 순서를 밟아야 함.
높은 지위에 오를수록 겸손해야 함.

登 山 叱 辱
오를등 뫼산 꾸짖을질 욕할욕

크게 욕하고 꾸짖음.

得 魚 忘 筌
얻을득 고기어 잊을망 통발전

고기를 잡고 나서 통발을 버림, 도움을 받은
후에 은혜를 잊음.

燈 下 不 明
등불등 아래하 아닐불 밝을명

등잔 밑이 어둡다는 뜻으로 바로 가
까이 있는 것을 모름.

燈 火 可 親
등잔등 불화 옳을가 친할친

등불을 가까이 하다, 즉 글읽기에
좋음.

萬 端 説 話
일만만 끝단 말씀설 말할화

여러 가지 이야기.

萬 古 風 霜
일만만 옛고 비람풍 서리상
오랜 동안에 겪는 수많은 고난.

萬 卷 讀 破
일만만 책권 읽을독 깨뜨릴파
많은 책을 끝까지 다 읽어 냄.

萬 頃 蒼 波
일만만 근래경 푸를창 물결파
끝없이 넓은 바다.

莫 逆 之 交
안할막 배반역 갈지 사귈교
뜻이 서로 맞아 지내는 아주 가까운 벗. (莫逆之友)

馬 耳 東 風
말마 귀이 동쪽동 바람풍
남의 말을 귀담아 듣지 않고 곧 흘려버림.

滿 山 紅 葉
가득만 뫼산 붉을홍 잎엽
단풍이 들어 온 산이 붉은 잎으로 뒤덮임.

晩 時 之 歎
늦을만 때시 갈지 탄식탄
기회를 놓치고 탄식함.

滿 身 瘡 痍
찰만 몸신 부스럼창 상처이
온 몸이 흠집 투성이가 됨. 일이 엉망진창이 됨.

晩 秋 佳 景
늦을만 가을추 고울가 경치경
늦가을의 아름다운 경치.

望 梅 解 渴
바랄망 매화매 풀해 목마를갈
목이 마른 병졸이 신 살구 얘기를 듣고 입에 침이 고여 목마름을 풀었다는 고사.

亡 羊 補 牢
망할망 양양 고칠보 우리뢰
양 잃고 외양간 고친다. 곧 일이 다 틀린 뒤에 손을 쓴들 소용이 없음.

明 鏡 止 水
밝을명 거울경 멈출지 물수

잔잔하고 맑은 물처럼 허욕 없는 깨끗한 마음.

孟 母 斷 機
처음맹 어미모 끊을단 베틀기

맹자 어머니가 유학 도중에 돌아온 맹자를 훈계하기 위해 베틀에 건 날실을 끊었다는 고사. 학문을 중도에 중단하는 것은 짜고 있던 베의 날실을 끊는 것과 같다.

盲 玩 丹 靑
소경맹 구경완 붉을단 푸를청

장님이 보이지 않는 눈으로 단청을 구경해 봤자 아무 의미가 없듯이 사물을 보아도 전혀 사리를 분별하지 못함.

綿 裏 藏 針
솜면 속리 감출장 바늘침

솜 속에 감추어 둔 바늘. 겉으로는 부드러워 보이나 속으론 악을 감추고 있음.

免 冠 頓 首
벗을면 갓관 조아릴돈 머리수

관을 벗고 머리가 땅에 닿도록 절을 함.

面 從 腹 背
얼굴면 좇을종 배복 등배

겉으로는 복종하는 체하면서 내심으로는 배반함.

滅 私 奉 公
멸할멸 개인사 받들봉 공변공

사사로움을 버리고, 공을 위하여 힘을 바침.

無 爲 徒 食
없을무 할위 무리도 밥식

아무 하는 일없이 한갓 먹기만 함.

無 所 不 爲
없을무 곳소 아닐불 할위

못할 일이 없음.

文 房 四 友
글월문 방방 넷사 벗우

종이, 붓, 벼루, 먹.

勿 失 好 機
말물 잃을실 좋을호 기계기

좋은 기회를 놓치지 않음.

物 外 閒 人
만물물 밖외 한가한 사람인

물질에 관심 없이 한가롭게 지내는 사람.

美 辭 麗 句
예쁠미 말사 고울여 글귀구

아름다운 말과 잘 쓴 문구.

迷 信 打 破
미혹미 믿을신 칠타 깰파

잘못된 믿음을 깨뜨려 버림.

刎 頸 之 交
목벨문 목경 갈지 사귈교

생사(生死)를 같이 할 만큼 친한 사람 또는 그런 벗.

美 風 良 俗
예쁠미 바람풍 좋을양 풍속속

아름답고 좋은 풍속.

ㅂ

璞 玉 渾 金
옥돌박 구슬옥 흐릴혼 쇠금

갈지 않은 옥과 제련하지 않은 금과 같이 검소하고 소박함.

博 而 不 精
넓을박 말이을이 아닐부 세밀정

여러 방면으로 많이 알되 정통하지 못함.

薄 酒 山 菜
얇을박 술주 뫼산 나물채

변변치 못한 술과 산나물.

反 哺 之 孝
반대반 먹일포 갈지 효도효

자조반포(慈鳥反哺)에서 온 말. 자식이 커서 부모를 봉양함.

拔 本 塞 源
뽑을발 밑본 요새색 근원원

폐단의 근원을 뿌리째 뽑아서 없애 버림.

放聲痛哭
놓을방 소리성 아플통 곡할곡

소리를 크게 내어 목놓아 크게 울음.

傍若無人
곁방 만약약 없을무 사람인

옆 사람도 안 보이는 듯 언행을 함부로 함.

蚌鷸之爭
조개방 도요새휼 갈지 다툴쟁

조개와 도요새가 싸우다가 어부에게 잡혔다는 고사.
둘이 버티고 싸우다가 제삼자에게 이익을 뺏김.

背水之陣
등배 물수 갈지 진칠진

물을 등지고 진을 친다는 뜻으로 목숨을 걸고 어떤 일에 대비하는 비장한 각오를 비유.

背恩忘德
등배 은혜은 잊을망 큰덕

은혜를 잊고 배반함.

白骨難忘
흰백 뼈골 어려울난 잊을망

죽어 백골이 되어도 잊지 못함.

百年佳約
일백백 해년 고울가 묶을약

남녀가 결혼하여 한평생을 함께 하자는 언약.

百年大計
일백백 해년 큰대 계획계

먼 뒷날까지 대비한 큰 계획.

百年之計
일백백 해년 갈지 꾀계

백 년간의 계획. 곧, 오랜 세월을 위한 계획.

百年河淸
일백백 해년 물하 맑을청

황하의 물이 맑기를 기다린다는 고사에서 나온 말로 아무리 기다려도 안 됨.

百年偕老
일백백 해년 함께해 늙을로

부부가 일생 동안 의좋게 삶.

白 面 書 生
흰백　낯면　글서　날생

글만 읽고 세상일은 아무 것도 모르는 사람.

百 戰 老 將
일백백　싸울전　늙을노　장수장

많은 싸움을 치른 늙은 장군이란 뜻으로 세상일에 경험이 많아 무엇이든지 해내는 장수.

百 戰 百 勝
일백백　싸울전　일백백　이길승

백 번 싸워 백 번 이긴다. 싸울 때마다 이김.

百 折 不 屈
일백백　꺾을절　아닐불　굽힐굴

백 번 꺾어도 굽히지 않음.

百 尺 竿 頭
일백백　자척　장대간　머리두

백 자나 되는 장대 위에 걸렸다는 말로 매우 위태로운 경지에 이름.

本 末 顚 倒
밑본　끝말　엎어질전　이를도

일의 처음과 나중이 뒤바뀜.

夫 唱 婦 隨
지아비부　부를창　아내부　따를수

남편이 하는 대로 아내가 따름.

附 和 雷 同
붙을부　화할화　우레뇌　한가지동

줏대 없이 남이 하는 대로 덩달아 좇아 설침.

北 窓 三 友
북쪽북　창창　셋삼　벗우

거문고(琴)와 술(酒)과 시(詩). 친한 세 친구.

不 顧 廉 恥
아닐불　돌아볼고　청렴염　부끄럼치

체면과 염치를 돌보지 않음.

不 俱 戴 天
아닐불　함께구　이을대　하늘천

하늘 아래 함께 살 수 없는 원수. (不共戴天)

粉 骨 碎 身
가루분 뼈골 부술쇄 몸신

뼈가 가루가 되고 몸이 깨지도록 노력함.

焚 書 坑 儒
태울분 글서 구덩이갱 선비유

진시황(秦始皇)이 천하의 서적을 불태워 버리고 수많은 학자를 구덩이에 묻어 죽인 사건을 말함.

不 問 可 知
아닐불 물을문 옳을가 알지

묻지 않아도 가히 알 수 있음.

不 問 曲 直
아닐불 물을문 굽을곡 곧을직

옳고 그름을 따지지 않음.

不 眠 不 休
아닐불 잠잘면 아닐불 쉴휴

자지도 않고 쉬지도 않음. 쉬지 않고 일함.

不 撤 晝 夜
아닐불 가릴철 낮주 밤야

밤낮을 가리지 않음.

不 恥 下 問
아닐불 부끄럼치 아래하 물을문

아랫사람에게 묻는 것을 부끄러워하지 않음.

朋 友 有 信
벗붕 벗우 있을유 믿을신

친구간에는 신의가 있어야 함.

鵬 程 萬 里
큰새붕 한정정 일만만 거리리

붕(鵬)이란, 상상의 큰 새로 붕이 가야 할 길은 수만 리라는 뜻으로 범인은 상상도 할 수 없는 원대한 사업이나 계획을 비유.

非 一 非 再
아닐비 하나일 아닐비 다시재

한두 번이 아님.

氷 炭 之 間
얼음빙 숯탄 갈지 사이간

얼음과 숯불의 관계 같은 원수 관계.

四 顧 無 親 넷사 돌아볼고 없을무 친할친	의지할 데가 전혀 없음.
捨 短 取 長 버릴사 짧을단 취할취 긴장	단점은 버리고 장점은 취함.
四 面 楚 歌 넷사 얼굴면 나라초 노래가	사면이 적에게 포위됨, 모두가 미워함.
四 分 五 裂 넷사 나눌분 다섯오 찢을열	이리저리 아무렇게나 나눠지고 찢어짐.
沙 上 樓 閣 모래사 윗상 다락누 집각	모래 위에 지은 집. 기초가 약함.
四 通 五 達 넷사 통할통 다섯오 통달달	사방 막힘 없이 통함.
事 必 歸 正 일사 반듯필 돌아갈귀 바를정	모든 일은 반드시 옳은 쪽으로 돌아감.
山 上 寶 訓 뫼산 윗상 보배보 가르칠훈	예수가 산 위에서 행한 설교로 예수님의 가르침.
山 戰 水 戰 뫼산 싸울전 물수 싸울전	세상의 온갖 고난을 다 겪어 경험이 많음.
山 海 珍 味 뫼산 바다해 보배진 맛미	산과 바다에서 나는 재료로 만든 잘 차린 좋은 음식.
殺 身 成 人 죽일살 몸신 이룰성 사람인	자기를 희생하여 인(仁)을 이룬다는 뜻으로 남을 위해 죽음.

三 顧 草 廬
셋삼 돌아볼고 풀초 오두막려

중국 촉한(蜀漢)의 유비(劉備)가 제갈 양(諸葛亮)의 초옥을 세 번 찾아가 간청하여 그를 군사로 맞은 고사에서 유래. 인재를 얻기 위해 허리를 굽히고 참고 기다림.

三 十 六 計
셋삼 열십 여섯육 꾀계

서른 여섯 가지 계략, 즉 많은 계략. 속되게는 날쌔게 달아남.

傷 弓 之 鳥
상처상 활궁 갈지 새조

활에 다친 새는 굽은 나무만 보아도 놀란다. 한번 일을 당하고 나면 비슷한 것만 보아도 두려워함.

桑 田 碧 海
뽕나무상 밭전 푸를벽 바다해

뽕나무밭이 바다가 되듯 세상일의 변화가 심함.

塞 翁 之 馬
요새새 늙은이옹 갈지 말마

인생의 길흉 화복은 항시 바뀌어 예측할 수 없음.

先 則 制 人
먼저선 곧즉 금할제 사람인

선수를 치면 남을 제압할 수 있음.

仙 風 道 骨
신선선 바람풍 길도 뼈골

풍채와 골격이 남보다 뛰어남.

先 行 後 教
먼저선 다닐행 뒤후 가르칠교

선인의 행위를 들어 후학을가르침.

雪 上 加 霜
눈설 윗상 더할가 서리상

눈 위에 서리까지 내린 격으로, 불행한 일이 겹침.

說 往 說 來
말씀설 갈왕 말씀설 올래

서로 변론하느라고 옥신각신함.

纖 纖 玉 手
고운섬 가늘섬 구슬옥 손수

가냘프고 고운 여자의 손.

騷人墨客
떠들소 사람인 먹묵 나그네객

시문(詩文)과 서화(書畵)를 일삼는 사람.

小貪大失
작을소 욕심탐 큰대 잃을실

작은 것을 탐내다 큰 것을 잃음.

束手無策
묶을속 손수 없을무 방책책

손이 묶인 듯 어찌할 방책이 없음.

送舊迎新
보낼송 옛구 맞을영 새신

묵은해를 보내고 새해를 맞음.

宋襄之仁
나라송 도울양 갈지 어질인

쓸데없는 아량을 베품.

袖手傍觀
소매수 손수 곁방 볼관

팔짱을 끼고 곁에서 보기만 함.

誰怨誰咎
누구수 원망원 누구수 허물구

누구를 원망하고 탓할 수 없음.

守株待兎
지킬수 기둥주 기다릴대 토끼토

그루터기를 지키며 토끼를 기다린다는 뜻으로, 되지 않을 일을 고집하는 융통성 없는 처사.

水滴穿石
물수 물방울적 뚫을천 돌석

물방울이 돌을 뚫듯 작은 노력도 계속하면 큰일을 이룰 수 있음.

深思熟考
깊을심 생각사 익을숙 생각고

깊이 생각하고 익히 생각함. 신중을 기하여 생각함.

脣亡齒寒
입술순 망할망 이빨치 찰한

입술이 없으면 이가 시리다. 한쪽이 망하면 다른 쪽도 망한다.

十匙一飯
열십 숟가락시 하나일 밥반

여럿이 조금씩 보태면 한 사람을 구할 수 있음.

◎

俄 館 播 遷
기울아 객사관 뿌릴파 옮길천

1896. 2. 11부터 1년간 고종과 태자가 러시아공사관에 옮겨 거처한 사건.
친일내각에 반대하는 친로파가 러시아공사와 결탁하여 일으킨 사건.

阿 鼻 叫 喚
언덕아 코비 부르짖을규 부를환

불교(佛敎)의 팔대지옥(八大地獄)의 하나인 아비지옥(阿鼻地獄)과 규환지옥(叫喚地獄)에서 울부짖는 참상(慘狀). 뜻밖의 환난에서 헤어나려고 부르짖음.

我 田 引 水
나아 밭전 끌인 물수

자기에게만 유리하도록 행함.

惡 衣 惡 食
악할악 옷의 악할악 밥식

좋지 않은 옷을 입고 맛없는 음식을 먹음.

惡 戰 苦 鬪
악할악 싸울전 쓸고 싸울투

어려운 상황을 이겨내고 힘겹게 싸움.

安 貧 樂 道
편안안 가난빈 즐길락 길도

가난하지만 편안히 살며 도를 즐김.

暗 中 摸 索
어둘암 가운데중 찾을모 찾을색

어둠 속에서 더듬어 찾듯 비밀리에 대책을 강구함.

弱 肉 强 食
약할약 고기육 강할강 먹을식

강자가 약자를 잡아먹음.

羊 頭 狗 肉
양양 머리두 개구 고기육

양의 머리를 내걸고 개고기를 판다는 뜻으로 겉과 속이 다른 것.

良 藥 苦 口
좋을양 약약 쓸고 입구

좋은 약은 입에 쓰고 충직한 말은 듣기 싫으나 받아들이면 이로움.

梁 上 君 子
들보양 윗상 임금군 아들자

도둑이 대들보 위에 숨어 있는데 자식을 불러 놓고 진이란 사람이 "사람이 스스로 힘쓰지 않으면 양상(梁上)의 군자같이 되느니라"라고 훈계하니 도둑이 놀라 내려와 무릎꿇고 용서를 빌었다는 고사. 도둑을 좋게 부르는 말.

養 虎 遺 患
기를양 범호 남길유 근심환

호랑이 새끼를 길러 근심을 만들다. 하찮은 문제를 길러 큰 근심을 만듦.

魚 頭 肉 尾
고기어 머리두 고기육 꼬리미

물고기는 대가리, 짐승 고기는 꼬리가 맛있다.

漁 父 之 利
고기잡을어 아비부 갈지 이할리

양편이 다투는 사이 제삼자가 이득을 가로챔.

語 不 成 説
말씀어 아닐불 이룰성 말씀설

말이 이치에 맞지 않는. 말도 안 되는 소리.

言 語 道 斷
말씀언 말씀어 길도 끊을단

말문이 막힌다는 뜻으로, 어이없어서 말을 할 수 없음.

言 中 有 骨
말씀언 가운데중 있을유 뼈골

예삿말 속에 뜻이 들어 있음.

言 中 有 言
말씀언 가운데중 있을유 말씀언

예사로운 말속에 다른 뜻이 들어 있음.

與 民 同 樂
더불여 백성민 같을동 즐길락

왕이 백성과 더불어 즐거움을 같이 나눔.

易 地 思 之
바꿀역 땅지 생각사 갈지

처지를 바꾸어 생각함.

緣 木 求 魚
묶음연 나무목 구할구 고기어

나무에 올라 고기를 구하듯 불가능한 일을 하려고 함.

英 雄 豪 傑
꽃부리영 수컷웅 호걸호 걸출걸

영웅과 호걸.

榮 枯 盛 衰
영화영 마를고 성할성 약해질쇠

개인이나 사회의 성함과 쇠함이 뒤바뀌는 현상.

永 久 不 變
길 영 오랠구 아닐불 변할변

영원히 변하지 아니함.

五 里 霧 中
다섯오 거리리 안개무 가운데중

안개가 오리나 끼었다는 말로 앞이 캄캄함.

寤 寐 不 忘
잠깰오 잠잘매 아닐불 잊을망

자나깨나 잊지 못함.

烏 飛 梨 落
가마귀오 날비 배나무이 떨어질락

까마귀 날자 배 떨어진다. 우연히 오해받기 쉬운 일에 말림.

吾 鼻 三 尺
나오 코비 셋삼 자척

내 코가 석자. 내 어려움이 커서 남의 어려움을 돌아볼 수 없음.

吾 不 關 焉
나오 아닐불 빗장관 어찌언

나는 그 일에 상관하지 아니함.

烏 飛 一 色
가마귀오 날비 하나일 빛깔색

날고 있는 까마귀가 모두 같은 빛깔임. 모두가 똑같음.

傲 霜 孤 節
거만오 서리상 고독고 절개절

서릿발 추위 속에서도 굴하지 않고 홀로 꼿꼿함. 국화와 충신을 뜻함.

吳 越 同 舟
나라오 넘을월 같을동 배주

사이 나쁜 사람끼리 같은 장소에 함께 놓임.

烏 合 之 卒
가마귀오 합할합 갈지 병졸졸

까마귀 떼처럼 규율도 질서도 없이 모인 보잘것없는 무리.

屋 上 架 屋
집옥 윗상 시렁가 집옥

지붕 위에 또 지붕을 만듦. 곧 물건이나 일을 부질없이 거듭함.

玉 衣 玉 食
구슬옥 옷의 구슬옥 먹을식

좋은 옷을 입고 맛있는 음식을 먹음.(好衣好食)

沃 野 千 里
물댈옥 들야 일천천 거리리

기름진 넓은 들.

溫 故 知 新
따뜻할온 옛고 알지 새신

옛것을 익혀 새것을 알다.

臥 席 終 身
누을와 자리석 끝날종 몸신

자리에 누워 신명을 마침. 즉 제 명을 다 살고 편히 죽음

臥 薪 嘗 膽
누을와 나무섶신 맛볼상 쓸개담

오나라 왕 부차와 월나라 왕 구천의 고사에서 나온 말, 나무 섶에 누워 자며 쓸개를 맛본다. 원수를 갚기 위하여 오랜 괴로움을 참고 견디어냄.

外 柔 内 剛
밖외 부드런유 안내 굳셀강

겉보기는 부드럽고 순하나 속은 굳음.

外 富 内 貧
밖외 부자부 안내 가난빈

겉은 부자 같으나 속은 빈한함.

外 虛 内 實
밖외 빌허 안내 열매실

겉으로 보기에는 빈 것 같으면서 속은 꽉 참.

樂 山 樂 水
즐길요 뫼산 즐길요 물수

산과 물을 즐김.

窈 窕 淑 女
깊을요 고요조 맑을숙 계집녀

말과 행실이 얌전한 여자, 안존한 여자.

搖 之 不 動
흔들요 갈지 아닐부 움직일동

흔들어도 꼼짝 않음.

龍 頭 蛇 尾 용용　머리두　뱀사　꼬리미	처음은 그럴 듯하나 끝이 흐리멍덩함.
龍 蛇 飛 騰 용용　뱀사　날비　오를등	용이 하늘로 날아오르는 것 같은 힘찬 글씨.
用 意 周 到 쓸용　뜻의　두루주　이를도	마음의 준비가 두루 미쳐 빈틈이 없음.
龍 如 得 雲 용용　같을여　얻을득　구름운	용이 구름을 얻듯이 큰 인물이 활동할 기회를 얻음.
牛 刀 割 鷄 소우　칼도　벨할　닭계	소 잡는 칼로 닭을 잡는다는 뜻으로, 작은 일을 하는데 너무 큰손을 씀.
愚 公 移 山 어리석을우　공변공　옮길이　뫼산	우공이 산을 옮긴다는 뜻으로 어리석게 보이지만 꾸준히 끝까지 하면 아무리 큰 일이라도 할 수 있음.
雨 露 風 霜 비우　이슬로　바람풍　서리상	온갖 경험.
優 柔 不 斷 앞설우　부드러울유　아닐부　끊을단	마음이 여려 맺고 끊지를 못하고 줏대가 없음.
牛 耳 讀 經 소우　귀이　읽을독　글경	소귀에 경 읽기, 아무리 말해도 소용 없음.
右 往 左 往 오른쪽우　갈왕　왼좌　갈왕	이리 왔다 저리 갔다 갈팡질팡함.
雨 後 竹 筍 비우　뒤후　대나무죽　죽순순	비 온 뒤에 돋는 죽순처럼 어떤 일이 일시에 많이 일어남.

旭 日 昇 天
해뜰욱 날일 오를승 하늘천

떠오르는 아침 해처럼 세력이 왕성함.

遠 禍 召 福
멀원 재난화 부를소 복복

불행을 물리치고 복을 부름.

越 俎 代 疱
넘을월 도마조 대신대 마마포

제례의 관장자가 자기의 임무를 넘어서 요리사의 일까지 참견함.

越 俎 之 嫌
넘을월 도마조 갈지 싫을혐

자기의 권리나 직분을 넘어 다른 사람을 간섭함.

月 下 氷 人
달월 아래하 얼음빙 사람인

월하로(月下老)와 빙상인(氷上人)이 합쳐진 말로, 중매인을 일컬음.

爲 國 忠 節
할위 나라국 충성충 절개절

나라를 위한 충성스러운 절개.

危 機 一 髮
위험위 기계기 하나일 터럭발

위급함이 매우 절박한 순간.

爲 鬼 所 笑
할위 귀신귀 곳소 웃음소

귀신이 비웃다. 가난함을 벗어나지 못함을 비유한 말.

爲 富 不 仁
할위 부자부 아닐불 어질인

부자가 되자면 어질어서는 안 됨.

爲 人 謀 忠
할위 사람인 꾀할모 충성충

다른 사람을 위하여 충성으로 계략을 꾸밈.

威 之 脅 之
협박위 갈지 엽구리협 갈지

여러 가지의 방법으로 위협함.

韋 編 三 絶
가죽위 엮을편 셋삼 끊을절

책을 맨 가죽끈이 세 번 떨어질 정도로 읽음.

有 口 無 言
있을유　입구　없을무　말씀언
입은 있으나 말이 없음, 변명할 말이 없거나 변명하지 못함을 이름.

猶 恐 不 及
오히려유　두려울공　아닐불　미칠급
오히려 두려움이 미치지 못함.

柔 能 制 剛
부드러울유　능할능　누를제　굳셀강
부드러운 것이 강한 것을 이김.

有 待 之 身
있을유　기다릴대　갈지　몸신
훗날을 기약하며 기다리고 있는 몸.

流 離 丐 乞
흐를유　떠날리　걸인개　빌걸
이리저리 돌아다니면서 빌어먹고 삶.

由 來 之 風
이유유　올래　갈지　바람풍
옛날부터 전해 내려오는 풍습.

有 名 無 實
있을유　이름명　없을무　열매실
이름만 있고 실속이 없음.

類 萬 不 同
무리유　일만만　아닐부　같을동
여러 가지가 서로 같지 않음.

流 芳 百 世
흐를유　꽃방　일백백　세대세
꽃다운 이름을 먼 후세까지 길이 전함.

有 服 之 親
있을유　옷복　갈지　친할친
상복을 입을 만큼 가까운 친척.

有 備 無 患
있을유　갖출비　없을무　근심환
미리 준비하면 어려움이 없음.

流 水 不 腐
흐를유　물수　아닐불　썩을부
흐르는 물이 썩지 않듯 멈추지 않고 하면 발전이 있음을 가리킴.

有 始 無 終
있을유 처음시 없을무 마칠종

의지가 굳지 못하여 시작은 잘하고 끝마무리를 못함.

有 始 有 終
있을유 처음시 있을유 마칠종

시작했으면 끝을 맺어야 한다. 시작부터 끝까지 한결 같음.

唯 我 獨 尊
오직유 나아 홀로독 높을존

오직 자기만 훌륭하다는 것.

有 耶 無 耶
있을유 그런가야 없을무 그런가야

있는지 없는지 흐리멍덩함. 흐지부지함.
(耶=어조사야로 많이 쓰임)

流 言 蜚 語
흐를유 말씀언 풍뎅이비 말씀어

근거 없이 떠도는 나쁜 말.

類 類 相 從
무리유 떼유 서로상 좇을종

같은 것끼리 서로 왕래하여 상종함.

幽 燕 老 將
숨을유 제비연 늙을로 장수장

싸움에 경험이 많은 늙은 장수.

唯 一 無 二
오직유 하나일 없을무 두이

오직 하나뿐이고 둘도 없음.

有 意 莫 遂
있을유 뜻의 못할막 이룰수

마음은 있어도 뜻대로 되지 않음.

有 終 之 美
있을유 마칠종 갈지 예쁠미

시작한 일의 끝맺음이 좋음.

愉 絶 快 絶
기쁠유 끊을절 상쾌쾌 끊을절

더 바랄 것 없이 유쾌함.

肉 跳 文 字
고기육 뛸도 글월문 글자자

뜻을 잘못 사용한 글.

肉 山 脯 林
고기육　뫼산　말린고기포　수풀림

고기가 산을 이루고 말린 고기가 수풀을 이룸.

陸 地 行 船
육지육　땅지　다닐행　배선

육지로 배를 저으려 하듯 되지 않을 일을 억지로 하려 함.

意 氣 銷 沈
뜻의　기운기　녹일소　잠길침

의기가 쇠하여 사그라짐.

疑 心 暗 鬼
의심의　마음심　어둘암　귀신귀

의심하는 마음이 있으면 있지 않은 귀신이 나올 듯이 느껴짐. 의심은 보이지 않는 귀신.

殷 鑑 不 遠
나라은　거울감　아닐불　멀원

은나라 왕이 거울로 삼아야 할 멸망의 선례는 먼 데 있지 않다는 뜻으로, 남의 실패를 자신의 거울로 삼으라는 말.

慇 懃 無 禮
은근은　은근근　없을무　예도례

대접하는 태도가 지나치게 겸손하여 오히려 결례가 됨.

隱 忍 自 重
숨길은　참을인　몸소자　무거울중

마음속으로 참으며 몸가짐을 조심함.

陰 德 陽 報
그늘음　큰덕　볕양　갚을보

남이 모르게 덕을 쌓은 사람은 뒤에 남이 알게 복을 받음.

吟 風 弄 月
읊을음　바람풍　희롱농　달월

맑은 바람과 밝은 달을 보며 시를 지어 읊음.

泣 斬 馬 謖
눈물읍　벨참　말마　일어날속

제갈 양이 가정 전투에서 패배한 책임을 물어 아끼고 사랑했던 마속의 목을 울면서 벰. 아깝지만 대의를 위해 버림.

依 門 之 望
기댈의　문문　갈지　바랄망

자식을 기다리는 어머니의 정. 어머니가 자식이 돌아오기를 문에 기대어 기다림.

異 口 同 聲
다를이 입구 같을동 소리성

여러 사람의 말이 한결같음.

以 卵 擊 石
써이 알란 칠격 돌석

계란으로 바위 치기. 약한 것으로 강한 것을 당하려 함.

以 卵 投 石
써이 알란 던질투 돌석

새알로 돌을 친다는 뜻으로, 약한 것으로 강한 것을 이기려는 어리석음의 비유.

以 力 假 人
써이 힘력 거짓가 사람인

힘으로 일을 하는데 진심으로 하는 척 가장하는 것.

移 木 之 信
옮길이 나무목 갈지 믿을신

위정자가 나무 옮기기로 백성을 믿게 한다는 뜻. 곧 속이지 않을 것을 밝힘. 약속을 지켜 실행함.

已 發 之 矢
이미이 떠날발 갈지 화살시
    필 발

이미 떠난 화살. 이미 시작된 일을 중간에서 멈추기 어려움을 비유함.

二 姓 之 好
두이 성성 갈지 좋을호

신랑집과 신부집 사이의 두터운 정의 (情誼).

以 小 事 大
써이 작을소 일사 큰대

작은 나라가 큰 나라를 섬김.

以 小 成 大
써이 작을소 이룰성 큰대

작은 일로 시작하여 큰 일을 이룸.

以 實 直 告
써이 열매실 곧을직 고할고

실상대로 고함.

以 心 傳 心
써이 마음심 전할전 마음심

마음에서 마음으로 뜻이 전달됨.

以 羊 易 牛 써이 양양 바꿀역 소우	작은 것을 가지고 크게 바꾸어 씀.
以 熱 治 熱 써이 더울열 다스릴치 더울열	열로써 열을 다스림.
已 往 之 事 이미이 갈왕 갈지 일사	이미 지나간 일.
以 長 擊 短 써이 긴장 칠격 짧을단	장점으로 단점을 침.
利 害 得 失 이익이 해칠해 얻을득 잃을실	이익과 손해. 얻음과 잃음.
因 果 應 報 원인인 실과과 응할응 갚을보	과거의 행실에 따라 뒷날 길흉 화복의 갚음을 받음.
人 面 獸 心 사람인 얼굴면 짐승수 마음심	사람의 얼굴을 한 짐승과 같다는 말로 인간의 도리를 못하는 배은망덕한 사람을 일컬음.
人 山 人 海 사람인 뫼산 사람인 바다해	사람이 헤아릴 수 없이 많이 모임.
人 生 無 常 사람인 날생 없을무 항상상	사람의 삶이 덧없음.
人 生 朝 露 사람인 날생 아침조 이슬로	인생은 아침 이슬과 같이 덧없음.
人 生 在 勤 사람인 날생 있을재 부지런근	사람의 근본은 부지런함에 있음.

因 循 姑 息
원인인 좇을순 시어미고 쉴식

구습을 버리지 못하고 당장에 편안한 것만 취함.

因 人 成 事
원인인 사람인 이룰성 일사

남의 힘으로 일을 이룸.

仁 者 無 敵
어질인 사람자 없을무 원수적

어진 사람에게는 적이 없음.

仁 者 不 憂
어질인 사람자 아닐불 근심우

어진 사람은 도리에 따라 삶으로 근심을 하지 않음.

忍 之 爲 德
참을인 갈지 할위 큰덕

참는 것이 덕이 됨.

忍 痛 割 愛
참을인 아플통 벨할 사랑애

힘든 일은 참고 즐거움은 나눔.

一 經 之 訓
하나일 경서경 갈지 가르칠훈

자식에게 돈을 물려주는 것보다 한 권의 경서를 가르치는 것이 낫다.

一 劍 之 任
하나일 칼검 갈지 맡을임

한 번의 칼질로 임무를 다함.

一 刀 兩 斷
하나일 칼도 두양 끊을단

한 칼에 둘로 나눈다. 일이나 행동을 한번에 해치움.

一 無 可 觀
하나일 없을무 옳을가 볼관

하나도 볼 것이 없음.

一 門 百 笏
하나일 문문 일백백 홀홀

권력이 높은 인물을 많이 배출한 권문 세가.

一 意 孤 行
하나일 뜻의 외로울고 다닐행

남의 말을 마음에 두지 않고 혼자 일함.

一 長 一 短 하나일 긴장 하나일 짧을단	좋은 점도 있고 나쁜 점도 있음.
一 目 瞭 然 하나일 눈목 눈밝을요 그럴연	한 번 보고 곧 환하게 알 수 있음.
一 擧 兩 得 하나일 들거 두양 얻을득	한 가지 일을 하여 두 가지 이득을 봄.
一 謙 四 益 하나일 겸손겸 넷사 더할익	한 번의 겸손으로 네 가지:〈천(天)·지(地)· 신(神)· 인(人)〉 이익을 얻음.
一 騎 當 千 하나일 말탈기 마땅당 일천천	한 사람이 천 사람을 당해냄. 아주 힘이 강함을 비유.
一 年 之 計 하나일 해년 갈지 계략계	한 해의 계획.
一 念 發 起 하나일 생각념 필발 일어날기	생각을 바꾸어 새롭게 결심하고 일어나 최선을 다함.
一 覽 不 忘 하나일 볼람 아닐불 잊을망	한 번 훑어보기만 해도 잊어버리지 않음.
一 路 邁 進 하나일 길로 힘쓸매 나갈진	한 가지 뜻을 세우고 오직 그 길로만 감.
一 勞 永 逸 하나일 일할로 길영 편안일	한 번 고생하고 오래오래 안락한 삶을 누림.
一 望 無 際 하나일 바랄망 없을무 끝제	너무 넓어서 바라보아도 끝이 없음.
一 網 打 盡 하나일 그물망 칠타 다할진	한 그물에 모두 때려잡음. 한꺼번에 모조리 체포함.

一 面 如 舊
하나일 얼굴면 같을여 옛구

한번 만나 옛 친구처럼 사귀고 지냄.

一 鳴 驚 人
하나일 울 명 놀랄경 사람인

어떤 일을 한번 분발하면 큰 사업을 이룸.

一 問 一 答
하나일 물을문 하나일 대답답

한 번 물음에 한 번씩 대답함.

一 夫 一 妻
하나일 지아비부 한 일 아내처

한 남편에 한 아내.

一 絲 不 亂
하나일 실사 아닐불 어지러울란

질서 체제가 정연하여 조금도 어지러움이 없음.

一 瀉 千 里
하나일 쏟을사 일천천 거리리

강물이 거침없이 흘러 천리에 다다르듯 문장이나 변론에 거침이 없음.

一 石 二 鳥
하나일 돌석 둘이 새조

한 가지 일로 두 가지 이득을 봄.

一 心 同 體
하나일 마음심 같을동 몸체

한 마음 한 몸이 됨.

一 人 一 技
하나일 사람인 하나일 재주기

한 사람이 한 가지씩 전문 기술을 가짐.

一 衣 帶 水
하나일 옷의 띠대 물수

한 줄기 띠와 같이 좁은 강물이나 바닷물. 곧 간격이 매우 좁음. 강이나 해협을 격한 대안(對岸)의 거리가 아주 가까움.

一 葉 知 秋
하나일 잎엽 알지 가을추

나뭇잎 하나가 떨어지는 것을 보고 가을이 옴을 알 듯이 한 가지 일만 보고도 장래의 일을 미리 짐작할 수 있음.

一 魚 濁 水
하나일 고기어 흐릴탁 물수

한 마리 물고기가 우물을 흐려놓는
다, 곧 한 사람의 잘못으로 여러 사
람이 그 해를 입게 됨.

一 日 三 秋
하나일 날일 셋삼 가을추

하루가 삼 년 같음. 애태우며 기다
릴 때 시간이 안 가 길게 느껴짐.

一 字 千 金
하나일 글자자 일천천 쇠금

글자 한 자에 천금의 가치가 있다
는 말로 뛰어난 문장에 비유.

一 場 春 夢
하나일 마당장 봄춘 꿈몽

한바탕의 봄꿈처럼 헛된 부귀영화
나 덧없는 일. 인생의 허무함을 비
유함.

一 朝 一 夕
하나일 아침조 하나일 저녁석

하루 아침, 하루 저녁과 같은 짧은
시일.

一 寸 肝 腸
하나일 마디촌 간간 창자장

한 토막의 간과 창자. 매우 애가 타
는 심정을 형용한 말.

一 觸 卽 發
하나일 닿을촉 곧즉 필발

살짝만 건드려도 폭발할 것 같은 위
기에 직면한 형세.

日 就 月 將
날일 이룰취 달월 번창장

날로 달로 발전함.

一 寸 光 陰
하나일 마디촌 빛광 음달음

매우 짧은 시간.

一 片 丹 心
하나일 조각편 붉을단 마음심

한 조각 붉은 마음, 오직 한 마음으
로 충성함.

一 敗 塗 地
하나일 패할패 진흙도 땅지

한번 패하여 다시 일어날 수 없음.

一 筆 揮 之
하나일 붓필 떨칠휘 갈지

단숨에 홍취 있고 줄기차게 글씨를 써 내림.

一 曝 十 寒
하나일 쬘폭 열십 찰한

하루 볕을 쪼이고 열흘을 응달에 둔다. 일이나 공부를 게을리 함.

一 攫 千 金
하나일 붙잡을확 천천 쇠금

한번에 많은 재물을 얻음.

一 喜 一 悲
하나일 기쁠희 하나일 슬플비

기쁜 일과 슬픈 일이 번갈아 일어남.

臨 機 應 變
임할임 기회기 응할응 변할변
(기계기)

상황에 따라 일을 적당히 처리함.

臨 時 卒 辦
임할임 때시 군사졸 힘쓸판

갑자기 당한 일을 임시로 처리함.

臨 陣 易 將
임할임 방비진 바꿀역 장수장

싸움에 임하면서 장수를 바꾼다. 일을 시작하면서 숙달된 사람을 서툰 사람으로 바꾼다.

入 境 問 禁
들입 지경경 물을문 막을금

다른 나라에 들어가면 그 나라에서 금하는 것들을 물음.

ㅈ

自家撞着
몸소자 집가 칠당 붙을착

언행(言行)의 앞뒤가 맞지 않음.

自强不息
몸소자 강할강 아닐불 쉴식

스스로 힘쓰고 쉬지 아니함.

自激之心
몸소자 급할격 갈지 마음심

어떤 일을 제 스스로 미흡하게 여기는 마음.

自手削髮
몸소자 손수 깎을삭 터럭발

자기 손으로 머리를 깎다. 어려운 일을 남의 도움 없이 스스로 감당함.

自繩自縛
몸소자 묶을승 몸소자 묶을박

자기가 꼰 새끼로 자기를 묶는다, 즉 자기가 한 언행 때문에 자기 자신이 구속되어 괴로움을 당하게 됨.

自業自得
몸소자 업업 몸소자 얻을득

자기가 저지른 대가를 자기가 받음.

自責內訟
몸소자 꾸짖을책 안내 송사송

스스로 자신의 잘못을 꾸짖음.

自初至終
시작자 처음초 끝지 마칠종

처음부터 끝까지.

自暴自棄
몸소자 사나울포 몸소자 버릴기

자기를 파괴하고 스스로 버림.

自畵自讚
몸소자 그림화 몸소자 기릴찬

자기가 한 일을 자기가 추켜 칭찬함.

作法自斃
지을작 법법 몸소자 넘어질폐

자기가 만든 법에 자기가 걸려 죽음.

| 作 舍 道 傍 | 길가에 집을 짓자니 오가는 사람이 이렇게 지어라 저렇게 지어라 해서 집을 못 짓 듯 이론(理論)이 구구하면 결정을 제대로 못함. |
| 지을작 집사 길도 곁방 | |

作 心 三 日
지을작 마음심 셋삼 날일

결심이 사흘을 가지 못함. 결심이 굳지 못함.

酌 水 成 禮
딸을작 물수 이룰성 예절례

물만 떠놓고 혼례를 올림. 가난하여 혼례를 간략히 치름.

殘 疾 之 人
해칠잔 병질 갈지 사람인

병치레를 하고 나서 쇠약해진 사람.

雜 施 方 藥
섞일잡 베풀시 모방 약약

병을 고치기 위해 여러 가지 약을 처방하여 봄.

將 功 切 罪
장수장 공로공 끊을절 허물죄

쌓은 공적과 지은 죄를 서로 절충하여 죄를 정함.

將 計 就 計
장차장 계략계 이룰취 꾀계

상대방의 계략을 미리 알아내어 그것을 역이용함.

墻 壁 無 依
담장장 벽벽 없을무 기댈의

의지할 곳이 전혀 없음.

張 三 李 四
베풀장 셋삼 오얏이 넷사

평범한 사람들, 장씨의 삼남과 이씨 사남의 뜻.

莊 周 之 夢
풀밭장 두루주 갈지 꿈몽

장자(莊子)가 나비가 된 꿈을 꾸었는데 꿈을 깬 뒤에 자기가 나비가 된 것인지 나비가 자기가 된 것인지 분간이 가지 않았다는 고사(故事)에서, 자아(自我)와 외계(外界)와의 구별을 잊어버린 경지를 말함.

在 家 無 日
있을재 집가 없을무 날일

집에 있는 날이 없음.

在此一擧 있을재 이것차 하나일 들거	한 번의 거사로 흥하거나 망하거나 끝장을 냄.
適口之餠 맞을적 입구 갈지 떡병	입에 맞는 떡.
積年辛苦 쌓을적 해년 매울신 쓸고	여러 해를 당하는 고생과 괴로움.
賊反荷杖 도둑적 반대반 책망하 지팡이장	도둑이 도리어 매를 든다는 뜻으로 잘못한 사람이 도리어 잘한 사람을 나무람.
赤手空拳 붉을적 손수 빌공 주먹권	맨손, 맨주먹. 아무 것도 가진 것이 없음.
積小成大 쌓을적 작을소 이룰성 큰대	작은 것이 모여 큰 것이 됨.
積羽沈舟 쌓을적 깃우 잠길침 배주 (성 심)	깃털이 쌓여 배를 가라앉힘.
適材適所 맞을적 재목재 마땅적 곳소	마땅한 인재를 마땅한 자리에 씀.
電光石火 번개전 빛광 돌석 불화	극히 짧은 시간. 아주 신속한 동작.
積毀銷骨 쌓을적 헐훼 녹일소 뼈골	거짓 꾸며서 하는 말을 자꾸 하면 뼈도 삭는다. 곧, 헐뜯는 말의 무서움.
前無後無 앞전 없을무 뒤후 없을무	전에도 없었고 이후로도 없음.

戰 戰 兢 兢
싸울전 싸울전 삼갈긍 두려울긍

벌벌 떨면서 어쩔 줄 모름.

輾 轉 反 側
구를전 구를전 반대반 옆측

밤새도록 뒤척이며 잠을 이루지 못함, 원래는 미인을 사모하여 잠을 이루지 못하는 경우에 쓰였으나 지금은 근심 걱정으로 잠을 이루지 못하는 경우에 쓰임.

輾 轉 不 寐
구를전 구를전 아닐불 잠잘매

이리 뒤척 저리 뒤척 잠을 못 이룸.

前 車 覆 轍
앞전 수레차 뒤집힐복 바퀴자국철

앞 수레가 엎어진 바퀴 자국이란 뜻. 곧 앞사람의 실패를 거울삼아 주의함.(覆車之戒)

剪 草 除 根
자를전 풀초 제할제 뿌리근

풀을 베고 뿌리를 캐냄. 즉 폐단의 근본을 없애 버림.

轉 禍 爲 福
구를전 불행화 할위 복복

화가 바뀌어 복이 됨.

節 長 補 短
마디절 긴장 기을보 짧을단

긴 것을 잘라 짧은 것에 보탬. 장점으로 단점을 보완함.

切 磋 琢 磨
자를절 갈차 쫄탁 갈마

학문과 덕행을 갈고 닦음.

切 齒 腐 心
간절절 이치 썩을부 마음심

몹시 분하여 이를 갈고 속을 썩임.

漸 入 佳 境
점점점 들입 고울가 지경경

점점 좋은 경지로 들어감.

點 滴 穿 石
점 점 물방울적 뚫을천 돌석

떨어지는 물방울이 바위를 뚫음.

井白之役 우물정 절구구 갈지 부릴역	물을 긷고 절구질을 하는 살림살이 의 수고로움.
頂門一鍼 머리정 문문 하나일 침침	정수리에 침을 주다. 따끔한 충고 (忠告).
井底之蛙 우물정 바닥저 갈지 개구리와	우물 속 개구리라는 뜻으로 소견 이 좁은 사람을 비유.
梯山航海 사다리제 뫼산 배항 바다해	험한 산과 바다를 건너 다른 나라에 사신으로 감.
提耳面命 당길제 귀이 얼굴면 명령명	귀를 당겨 얼굴에다 명령함. 사리 를 깨닫도록 간곡하게 타이름.
諸行無常 모두제 다닐행 없을무 항상상	우주 만물은 항상 돌고 변하여 한 모양으로 머물러 있지 않음.
糟糠之妻 지게미조 쌀겨강 갈지 아내처	지게미와 쌀겨를 먹으며 어려움을 함께 겪은 아내.
朝令暮改 아침조 명령령 저녁모 고칠개	아침에 내린 명령을 저녁에 바 꿈. 법을 자주 고침.
朝聞夕死 아침조 들을문 저녁석 죽을사	아침에 도를 들으면 저녁에 죽어도 좋다. 짧은 인생을 값지게 삶.
朝名市利 아침조 이름명 시장시 이익리 (저자시)	명성은 조정에서 얻고 이익은 시장 에서 취함, 무슨 일이든 맞는 곳에서 해야 함.
朝飯夕粥 아침조 밥반 저녁석 죽죽	아침에는 밥, 저녁에는 죽. 가까 스로 살아가는 가난함.
朝變夕改 아침조 변할변 저녁석 고칠개	아침저녁으로 뜯어 고친다는 뜻, 계획 이나 결정 따위를 자주 바꿈.

朝 不 慮 夕
아침조 아닐불 생각려 저녁석

형세가 절박하여 아침에 저녁 일을 헤아리지 못함. 당장을 걱정할 뿐 다음을 돌아볼 겨를이 없음.

朝 不 謀 夕
아침조 아닐불 꾀모 저녁석

아침에 저녁 일을 꾀하지 못함.

朝 三 暮 四
아침조 셋삼 저녁모 넷사

간교한 꾀로 남을 속여 희롱함.

朝 蠅 暮 蚊
아침조 파리승 저녁모 모기문

아침에는 파리가 모이고 저녁에는 모기가 들끓음. 소인배가 날뜀.

鳥 足 之 血
새조 발족 갈지 피혈

새발의 피. 필요한 양에 비해 얼마 되지 않는 양.

造 言 之 刑
지을조 말씀언 갈지 벌줄형

거짓말로 남을 속여 자기의 이익과 명성을 꾀하는 사람에게 주는 형벌.

朝 薺 暮 鹽
아침조 냉이제 저녁모 소금염

아침에는 냉이를 먹고 저녁에는 소금을 반찬으로 먹음. 매우 가난한 생활을 비유함.

造 化 無 窮
지을조 될화 없을무 끝궁

세상 만물을 낳고 자라게 하고 죽게 하는 대자연의 이치는 끝이 없음.

存 亡 之 秋
있을존 망할망 갈지 가을추

살아 남느냐 죽느냐 하는 절박한 지경.

存 羊 之 義
있을존 양양 갈지 옳을의

가식된 예의와 구습의 예의를 버리지 않고 보존함.

終 天 之 痛
마칠종 하늘천 갈지 아플통

슬픔이 하늘 끝까지 이른다. 세상에 더 없는 극도의 슬픔.

| 左雇右眄 | 확실한 결정을 하지 못하고 좌우를 살피기만 함. |
| 왼**좌** 고용고 오른우 애꾸눈면 | |

坐不安席
앉을**좌** 아닐불 편안안 자리석

침착하게 한군데에 오래 앉아 있지 못함.

坐而待死
앉을**좌** 어조사이 기다릴대 죽을사

앉아서 죽기만 기다림. 아무 대책 없이 될 대로 되라는 태도로 기다림.

坐井觀天
앉을**좌** 우물정 볼관 하늘천

우물 속에 앉아 하늘을 봄. 견문이 좁음을 비유.

左衝右突
왼**좌** 찌를충 오른우 부딪칠돌

사방으로 이리저리 치고 받음.

主客一體
주인주 길손객 한일 몸체

주인과 나그네가 하나로 됨. 자아와 자연이 하나로 됨.

酒果脯醯
술주 실과과 포포 식혜혜

술·과일·포·식혜만 차린 간략한 제물.

晝耕夜讀
낮주 갈경 밤야 읽을독

낮에 밭 갈고 밤에 책을 읽음. 일을 하면서 공부함.

走馬看山
달릴주 말마 볼간 뫼산

바빠서 자세히 살펴볼 겨를이 없어 지나쳐 봄.

走馬加鞭
달릴주 말마 더할가 채찍편

달리는 말에 채찍질. 잘 하고 있는데 쓸데없이 다그침.

柱石之臣
기둥주 돌석 갈지 신하신

한 나라의 주춧돌이 될 만한 신하.

酒池肉林
술주 못지 고기육 수풀림

술이 못을 이루고 고기가 숲을 이룸. 호화로운 술잔치.

竹 馬 故 友
대죽 말마 옛고 벗우

어릴 때부터 같이 놀며 자란 벗.

竹 林 七 賢
대 죽 수풀림 일곱칠 어질현

진나라 초에 노자장자의 사상을 숭상하여 대숲에 모여 정담을 일삼던 일곱 명의 선비.

竹 杖 芒 鞋
대죽 지팡이장 털망 짚신혜

대 지팡이와 짚신. 산천 유람을 떠나는 사람의 차림.

樽 俎 折 衝
술통준 도마조 꺾을절 부딪칠충

주석에서 온화한 외교 교섭으로 유리하게 일을 맺음.

衆 口 難 防
무리중 입구 어려울난 막을방

여러 사람의 말을 막기 어려움.

衆 寡 不 敵
무리중 적을과 아닐부 원수적

적은 수로 많은 수의 적을 대적하기 어려움.

中 傷 謀 略
가운데중 상처상 꾀모 계략략

남을 해치려고 헐뜯거나 속임수를 써서 일을 꾸밈.

中 石 沒 鏃
가운데중 돌 석 잠길몰 화살촉
(화살족)

화살이 돌에 박힌다는 뜻으로, 정신을 집중하면 어떤 일도 할 수 있음을 이름.

衆 人 環 視
무리중 사람인 고리환 볼시

뭇 사람들이 둘러싸고 봄.

中 原 逐 鹿
중간중 근원원 쫓을축 사슴록

중원의 사슴(帝位)을 쫓는다. 왕좌를 놓고 벌이는 정권 다툼.

櫛 風 沐 雨
빗질즐 바람풍 멱감을목 비우

바람으로 머리를 빗고 빗물로 세수를 함. 오랜 세월 객지에서 온갖 풍상을 겪으며 고생함.

至 公 無 私
이를지 공평공 없을무 개인사

극히 공평하여 개인의 이익을 배제함.

指 東 指 西
가리킬지 동녘동 가리킬지 서쪽서

근본적인 것은 파악하지 못하고, 다른 것만 가지고 왈가왈부 함.

指 鹿 爲 馬
가리킬지 사슴록 할위 말마

사슴을 말이라고 우김. 위압으로 남을 짓눌러 바보로 만들거나 그릇된 일을 속여서 남을 죄에 빠뜨림.

支 離 滅 裂
가를지 떠날리 멸할멸 찢어질렬

이리저리 흩어져 갈피를 잡지 못하고 깨어짐.

智 謀 雄 略
지혜지 꾀모 수컷웅 계략략

슬기로운 술책과 웅대한 계략.

至 誠 感 天
이를지 정성성 느낄감 하늘천

지극한 정성에 하늘이 감동함.

智 小 謀 大
지혜지 작을소 꾀모 큰대

작은 꾀로 큰일을 도모함.

池 魚 籠 鳥
못지 고기어 새장농 새조

연못 속의 고기와 조롱 속의 새 신세. 자유롭지 못함.

池 魚 之 殃
못지 고기어 갈지 재앙앙

뜻밖의 화를 당함.

咫 尺 之 間
짧을지 자척 갈지 사이간

매우 가까운 거리.

指 天 射 魚
향할지 하늘천 쏠사 고기어

하늘을 향해 고기를 쏘다. 불가능한 일을 하려고 함.

知 彼 知 己
알지 저쪽피 알지 몸기

상대를 알고 나를 앎.

芝 蘭 之 交
버섯지 난초란 갈지 사귈교

벗 사이에 맑고도 높은 아름다운 사귐(지초와 난초 같은 향기로운 사귐)

知 行 一 致
알지 다닐행 하나일 이를치

앎과 행함이 일치함.

直 情 經 行
곧을직 뜻정 날경 다닐행

자기 뜻대로 행함.

秦 伯 嫁 女
나라진 맏백 시집갈가 계집녀

모양만 차린 잘못 간 시집. 형식에 아무리 장식을 해도 속이 없으면 쓸모가 없음.

珍 羞 盛 饌
보배진 바칠수 성할성 반찬찬

기름진 음식을 많이 잘 차림.

盡 善 盡 美
다할진 착할선 다할진 아름다울미

선과 미를 갖춘 완전 무결함.

震 天 動 地
벼락진 하늘천 움직일동 땅지

하늘이 진동하고 땅이 흔들릴 만큼 위엄이 천하에 떨침.

進 退 維 谷
나갈진 물러날퇴 밧줄유 계곡곡

나가지도 물러서지도 못할 만큼 어려움에 빠짐.

進 退 兩 難
나갈진 후퇴퇴 두양 어려울난

앞으로 나아가기도 어렵고 뒤로 물러서기도 어려움.

陳 平 宰 肉
펼진 고를평 재상재 고기육

진평이란 사람이 고기를 팔 때 손님에게 공평하게 나누어주면서, 나에게 재상을 주면 나라를 이와 같이 다스리겠다고 한 고사. 뒤에 진평은 한나라의 재상이 됨.

塵 合 泰 山 먼지진 합할합 클태 뫼산	티끌이 모여 큰산을 이룸.
質 疑 應 答 바탕질 의심의 응할응 대답답	의심나는 점을 묻고, 질문 받은 편에서 대답함.
嫉 逐 排 斥 시기질 쫓을축 밀칠배 물리칠척	시기하고 미워하며 물리침.
疾 風 勁 草 투기질 바람풍 굳셀경 풀 초	큰바람에도 흔들리지 않는 풀. 어려워도 뜻이 흔들리지 않는 사람.
執 熱 不 濯 잡을집 더울열 아닐불 씻을탁	뜨거운 것을 집고도 물로 씻지 않음. 고생을 하지 않으면 큰일을 이룰 수 없음을 비유.

ㅊ

| 且 問 且 答 | 한편으로 물으면서 한편으로 대답함. |
| 또차 물을문 또차 대답답 | |

| 此 日 彼 日 | 평계를 대고 오늘내일 기한을 미룸. |
| 이차 날일 저피 날일 | |

| 借 廳 入 室 | 마루를 빌어 있다가 차츰 안방으로 들어온다는 뜻으로 처음에는 의지하다가 차차 남의 권리를 침범함. |
| 빌릴차 마루청 들입 방실 | |

| 借 廳 借 閨 | 마루를 빌리다가 안방으로 들어옴. 남에게 의지하다가 차차 그 권리를 침범함. |
| 빌릴차 마루청 빌릴차 규방규 | |

| 鑿 飮 耕 食 | 우물을 파서 마시며 밭을 갈아먹는다는 뜻으로 천하가 태평하고 생활이 안락함. |
| 뚫을착 마실음 밭갈경 먹을식 | |

| 贊 反 兩 論 | 찬성과 반대의 두 가지 이론. |
| 도울찬 반대반 둘양 말할론 | |

| 滄 桑 之 變 | 큰 변화가 일어남. |
| 바다창 뽕나무상 갈지 변할변 | |

| 滄 海 一 粟 | 바다에 좁쌀이라는 뜻으로 광대한 것 속의 극히 작은 존재. |
| 바다창 바다해 하나일 좁쌀속 | |

| 草 露 人 生 | 풀의 이슬같이 덧없는 인생. |
| 풀초 이슬로 사람인 날생 | |

| 草 綠 同 色 | 같은 처지 같은 부류의 사람들이 끼리끼리 어울림. |
| 풀초 푸를록 같을동 빛깔색 | |

草 木 皆 兵
풀 초　나무목　모두개　군사병

초목이 모두 적병처럼 보여서 놀랐다는 데서 나온 말.

草 木 同 腐
풀 초　나무목　같을동　썩을부

풀이나 나무처럼 할 일을 못하고 썩음.

焦 眉 之 急
애탈초　눈썹미　갈지　급할급

눈썹에 불이 붙은 것처럼 매우 위급함.

楚 材 晉 用
나라초　재목재　나라진　쓸용

초나라 목재를 진나라가 쓴다는 뜻으로 자기 나라 인재를 다른 나라가 이용함.

初 志 一 貫
처음초　뜻지　하나일　꿰뚫관

처음에 세운 뜻을 이루려고 끝까지 밀고 나감.

蜀 犬 吠 日
나라촉　개견　짖을폐　날일

촉나라 개가 해를 보고 짖는다는 뜻으로 식견 좁은 자가 견문 넓은 사람을 비난함.

寸 鐵 殺 人
마디촌　쇠철　죽일살　사람인

작은 쇠끝으로 사람을 죽인다는 말로, 간단한 경구(警句)로 급소를 찔러 감동시킴.

天 高 馬 肥
하늘천　높을고　말마　살찔비

하늘이 높고 말이 살찐다는 뜻으로 가을철을 일컬음.

千 慮 一 失
일천천　생각려　하나일　잃을실

천 번 생각에도 한 번 실수가 있음.

天 崩 之 痛
하늘천　무너질붕　갈지　아플통

제왕이나 아버지의 상사를 당한 슬픔.

天 方 地 軸
하늘천　모방　땅지　굴대축

어리석은 사람이 어찌할 바를 모르고 날뛰는 모습.

千 辛 萬 苦
일천천　매울신　일만만　쓸고

무한히 애쓰고 많은 고생을 함.

天 生 配 匹
하늘천 날생 짝배 필필

날 때부터 하늘이 정하여 준 짝.

千 言 萬 語
일천천 말씀언 일만만 말씀어

수많은 말.

天 壤 之 判
하늘천 흙양 갈지 나눌판

하늘과 땅의 차이. 아주 엄청난 차이.

天 衣 無 縫
하늘천 옷의 없을무 꿰맬봉

천사의 옷에 꿰맨 자리가 없듯 시문(詩文)이 뛰어나 어느 한 곳 흠 잡을 데가 없이 완벽함.

天 人 共 怒
하늘천 사람인 함께공 성낼노

하늘과 사람이 함께 노함. 누구나 분노를 참을 수 없을 만큼 지극히 악한 일을 이름.

千 仞 斷 崖
일천천 길인 끊을단 벼랑애

천 길 낭떠러지.

千 紫 萬 紅
일천천 자주자 일만만 붉을홍

울긋불긋한 여러 가지 꽃 또는 빛깔.

千 載 一 遇
일천천 실을재 하나일 만날우

천년에 한번 만난다는 뜻으로, 좀처럼 얻기 어려운 좋은 기회.

天 井 不 知
하늘천 우물정 아닐부 알지

물건값이 한없이 오르기만 함.

千 秋 萬 歲
일천천 기을추 일만만 해세

오래 살기를 축수(祝壽)하는 말.

淺 學 菲 才
얕을천 배울학 아닐비 재주재

학식이 얕고 재주가 보잘것없다는 뜻으로, 자기의 학식을 겸손하게 이르는 말.

徹頭徹尾 뚫을철 머리두 뚫을철 꼬리미	처음부터 끝까지 철저함.
鐵石肝腸 쇠 철 돌 석 간간 창자장	철과 돌 같은 간과 창자. 굳고 흔들리지 않는 마음.
鐵中錚錚 쇠 철 가운데중 쇳소리쟁 쇳소리쟁	동류 가운데서 가장 뛰어남.
淸廉潔白 맑을청 청렴렴 정결결 흰 백	마음이 맑고 염치를 알며 깨끗함.
靑雲萬里 푸를청 구름운 일만만 거리리	청운은 푸른 구름으로 귀한 구름이라는 뜻. 예부터 중국에서는 신선이나 천자가 될 사람이 있는 곳에 푸른 구름 또는 오색 구름이 떠 있다는 데서 유래. 뜻은 원대한 포부와 이상.
靑天霹靂 푸를청 하늘천 벼락벽 벼락력	맑은 하늘에서 벼락이 떨어지듯 뜻밖에 크게 변을 당함.
靑天白日 푸를청 하늘천 일백백 날일	맑게 갠 하늘에서 밝게 비치는 해라는 뜻으로, 훌륭한 인물은 세상 사람들이 다 알아본다는 의미였으나 지금은 아무런 잘못 없이 결백한 것, 또는 무죄를 가리키는 말로 쓰임.
靑出於藍 푸를청 날 출 곳어 쪽람	쪽에서 나온 푸른빛이 쪽보다 더 푸르다는 뜻으로, 제자가 스승보다 낫다는 말.
秋風落葉 가을추 바람풍 떨어질낙 잎엽	가을바람에 떨어지는 잎이란 뜻으로, 세력이나 형세가 갑자기 기울어짐.

春 雉 自 鳴
봄춘 꿩치 스스로자 울명

봄 꿩이 스스로 운다는 말로 묻지도 요구하지도 않은 말을 함.

春 秋 筆 法
봄춘 가을추 쓸필 법법

대의 명분을 밝혀 세우는 사필 (史筆)의 준엄한 논법.

春 風 秋 雨
봄춘 바람풍 가을추 비우

봄철에 부는 바람과 가을에 내리는 비, 곧 지나가는 세월을 가리킴.

忠 言 逆 耳
충성충 말씀언 거스릴역 귀이

좋은 말은 귀에 듣기 거슬림.

醉 生 夢 死
취할취 날생 꿈몽 죽을사

값진 인생을 살지 못하고 아무렇게나 되는 대로 살다 죽음.

癡 人 說 夢
바보치 사람인 말씀설 꿈몽

바보에게 꿈 이야기를 해준다는 뜻으로 매우 어리석은 짓의 비유. 의미 없이 지껄이는 것. 이야기가 상대방에게 이해되지 않음의 비유.

置 之 度 外
둘치 갈지 법도도 밖외

내버려두고 상대를 하지 않음.

七 步 之 才
일곱칠 걸음보 갈지 재주재

일곱 발을 옮기는 사이에 시를 지을 수 있는 재주라는 뜻으로, 아주 뛰어난 글재주를 이름.

漆 室 之 憂
어둘칠 방실 갈지 근심우

노나라의 한 미천한 부인이 캄캄한 방에서 나라 일을 걱정하였다는 고사. 제 분수에 맞지 않는 걱정을 함.

七 言 古 詩
일곱칠 말씀언 옛고 시시

칠언으로 된 옛 시, 초사(楚辭) 및 항우 (項羽)의 해하가(垓下歌),한고조(漢高祖)의 대풍가(大風歌).

七 顚 八 起
일곱칠 넘어질전 여덟팔 일어날기

여러 번 실패해도 굽히지 않고 다시 일어남.

七 顚 八 倒
일곱칠 엎어질전 여덟팔 넘어질도

어려운 고비를 수없이 많이 당함.

針 小 棒 大
바늘침 작을소 몽둥이봉 큰 대

작은 일을 크게 과장(誇張)하여 말함.

沈 魚 落 雁
잠길침 고기어 떨어질낙 기러기안

고기를 물 속으로 가라앉게 하고 기러기가 떨어지게 할 만큼 아름다운 여자.

ㅋ

快 刀 亂 麻
상쾌쾌 칼도 얽힐난 삼마

어지러운 일을 시원스럽게 처리함.

快 犢 破 車
상쾌쾌 송아지독 깰 파 수레차

어려서의 성품이나 소행만으로는 사람의 장래를 속단할 수 없음.

快 勝 將 軍
상쾌쾌 이길승 장수장 군사군

싸움에서 통쾌하게 승리한 장군.

快 人 快 事
상쾌쾌 사람인 상쾌쾌 일 사

씩씩한 사람의 시원스런 행동.

ㅌ

他 山 之 石
남타 뫼산 갈지 돌석

다른 산에서 나는 하찮은 돌도 자기 구슬을 가는 데 도움이 된다는 말로, 다른 사람의 하찮은 언행도 자기의 지덕을 연마하는 데에 도움이 된다는 말.

卓 上 空 論
책상탁 윗상 빌공 말할론

실현성 없는 공상론. 궤상공론(机上空論).

坦 坦 大 路
평평탄 평평탄 큰대 길로

편편하고 아주 편한 길.

脫 兎 之 勢
벗을탈 토끼토 갈지 세도세

토끼가 우리에서 뛰어나오듯 신속한 기세를 일컫는 말.

貪 官 汚 吏
탐할탐 벼슬관 더러울오 벼슬리

욕심 많은 관원과 마음이 깨끗하지 못한 관리, 부패한 관리.

探 花 蜂 蝶
찾을탐 꽃화 벌봉 나비접

꽃을 찾는 벌과 나비.

太 剛 則 折
클태 굳을강 법칙 꺾을절

너무 세거나 강하면 부러지기 쉬움.

泰 山 北 斗
클태 뫼산 북쪽북 말두

세상 사람으로부터 가장 존경을 받는 사람의 비유.

泰 山 壓 卵
클태 뫼산 누를압 알란

큰산이 알을 누른다. 큰 위력으로 내리 누름. 아주 손쉬운 것.

太 平 聖 代
클태 바를평 성인성 시대대

태평스런 좋은 시절.

土 昧 人 遇
흙토 새벽매 사람인 만날우

야만인으로 대우함.

土 美 養 和
흙토 아름다울미 기를양 화합화

어진 임금은 인재(人材)를 잘 기름.

兎 死 狐 悲
토끼토 죽을사 여우호 슬플비

토끼의 죽음에 여우가 슬퍼한다란 뜻으로 동류의 불행을 슬퍼함.

兎 死 狗 烹
토끼토 죽을사 개구 삶을팽

개를 데리고 토끼 사냥을 갔다가 토끼를 잡고 난 다음 개도 잡아먹는다.
목적 달성 후 협조자를 배신함.

兎 營 三 窟
토끼토 경영영 셋삼 구멍굴

토끼가 위험에 대비해서 미리 세 구멍을 파놓는다는 뜻. 즉 자신의 안전을 위하여 미리 몇 가지 대안을 세워놓음.

吐 哺 握 髮
뱉을토 먹을포 쥘악 터럭발

중국의 주공이 식사 때나 목욕 때 내객이 있으면 먹던 것을 뱉고 감고 있던 머리를 거머쥔 채 맞았다는 고사 유래. 잠시도 편안함이 없음.
토포착발(吐哺捉髮)

投 鼠 忌 器
던질투 쥐서 꺼릴기 그릇기

쥐를 잡으려다가 옆에 있는 그릇을 깨지 않을까 염려함.

ㅍ

波瀾曲折
물결**파** 물결**란** 굽을**곡** 꺾을**절**

파도에 쓸려가듯 삶과 일에 어려움
과 변화가 많음.

波瀾萬丈
물결**파** 물결**란** 일만**만** 어른**장**

만장 파도를 탄 듯 인생살이에 기복
이 심하고 어려움.

波瀾重疊
물결**파** 물결**란** 겹칠**중** 겹칠**첩**

어려운 일이 복잡하게 겹침.

破釜沈船
깰**파** 솥**부** 잠길**침** 배**선**
(성**심**)

밥 짓는 솥을 때려부수고 돌아갈 배도 가라
앉히다. 결사의 각오로 싸움터에 나서
거나 최후의 결단을 함.

破邪顯正
깰**파** 간사**사** 나타날**현** 바를**정**

그릇된 것을 깨뜨리고 정도를 드러
냄.

破竹之勢
깰**파** 대**죽** 갈**지** 세도**세**

걷잡을 수 없이 물리치며 쳐들어가
는 기세.

平地風波
고를**평** 땅**지** 바람**풍** 물결**파**

평화로운 중에 뜻밖에 일어나는
분쟁.

飽食暖衣
배부를**포** 먹을**식** 더울난 옷**의**

배불리 먹고 따뜻이 입는다는 뜻
으로, 생활이 넉넉함.

暴虐無道
포악**포** 모질**학** 없을**무** 길**도**

성질이 포악하고 도리를 모름.

表裏不同
겉 **표** 속**리** 아닐**부** 같을**동**

겉과 속이 다름.

豹 死 留 皮
범표 죽을사 남을유 가죽피

표범은 죽어서 가죽을 남긴다.

風 聲 鶴 唳
바람풍 소리성 학학 울려

바람 소리와 학 울음소리만 들어도 적 병이 추격해 오는 줄 알고 놀라 벌벌 떤다는 데서 유래. 한번 놀란 사람은 하찮은 일에도 겁을 먹음.

風 樹 之 嘆
바람풍 나무수 갈지 탄식탄

부모 생전에 효행을 다하지 못한 슬픔. 풍목지비(風木之悲)

風 飛 雹 散
바람풍 날비 우박박 흩을산

사방으로 날아 흩어짐.

風 月 主 人
바람풍 달월 주인주 사람인

청풍명월의 주인공. 곧 자연을 좋아하는 사람.

風 前 燈 火
바람풍 앞전 등잔등 불화

바람 앞의 등불처럼 그 운명이 위태로움.

風 餐 露 宿
바람풍 먹을찬 이슬노 잘숙

바람과 이슬을 무릅쓰고 밖에서 먹고 자다. 큰 뜻을 이루려는 사람이 겪는 모진 고초.

風 打 浪 打
바람풍 때릴타 물결낭 때릴타

일정한 주의(主義)나 주장 없이 대세에 따라 행동함.

匹 馬 單 騎
짝필 말마 홑단 말탈기

혼자 한 필의 말을 타고 나섬.

匹 夫 之 勇
짝필 지아비부 갈지 날쌜용

필부란 소인배와 같은 의미로 좁은 소견을 가지고 어떤 계획이나 방법도 없이 혈기만 믿고 마구 날뛰는 자.

匹 夫 匹 婦
짝필 지아비부 짝필 부인부

평범한 남자와 평범한 여자.

ㅎ

下 石 上 臺
아래하 돌석 윗상 대대

아랫돌을 빼서 위 돌을 괴고 위 돌을 빼서 아랫돌을 괴는 것. 곧 임시 변통으로 이리저리 둘러맞춤.

下 學 上 達
아래하 배울학 윗상 통달달

낮고 쉬운 것부터 배워 깊고 어려운 것을 깨달음.

鶴 首 苦 待
학학 머리수 쓸고 기다릴대

학처럼 목을 길게 빼고 기다린다는 뜻으로, 몹시 기다림을 이르는 말.

學 而 知 之
배울학 어조사이 알지 갈지

배워서 앎.

漢 江 投 石
한수한 강강 던질투 돌석

작은 도움으로는 효과가 없음. 한강에 돌 던지기.

邯 鄲 之 夢
지명한 나라단 갈지 꿈몽

인생의 부귀 영화가 덧없고 허무함.

邯 鄲 之 步
지명한 나라단 갈 지 걸음보

자기 본분을 잊고 함부로 남의 흉내를 내면 두 가지 다 잃음.

汗 牛 充 棟
땀한 소우 채울충 들보동

소에 실으면 소가 땀을 흘리고 방에 쌓으면 대들보가 닿을 만함. 책이 매우 많음을 비유.

閒 中 眞 味
한가한 가운데중 참진 맛미

한가한 가운데 즐기는 참된 멋.

含 哺 鼓 腹
품을함 먹을포 두드릴고 배복

많이 먹고 배를 두들기며 즐김.

咸 興 差 使
다함 흥할홍 틀림차 시킬사

심부름 간 사람이 돌아오지 않거나 소식이 없음.

虛 心 坦 懷
빌허 마음심 평평탄 품을회

마음에 아무 거리낌없이 솔직한 태도로 일에 임함.

虛 張 聲 勢
빌허 베풀장 소리성 세도세

실속 없이 허세만 부림.

虛 虛 實 實
빌 허 빌 허 열매실 열매실

① 허실의 계책을 써서 싸움.
② 잘되고 못되고를 가리지 않고 되어 가는 대로 맡김.

衒 玉 賈 石
팔현 구슬옥 장사고 돌 석

옥을 진열해 놓고 돌을 팜. 장사에 속임수를 씀.

懸 河 口 辯
매달현 물하 입구 달변변

흐르는 물과 같이 거침없이 술술 나오는 말.

孑 遺 生 靈
외로울혈 남을유 날생 영혼령

외롭게 살아 남은 목숨.

孑 孑 單 身
외로울혈 외로울혈 홑단 몸신

아주 외로운 홀몸.

螢 雪 之 功
반디불형 눈설 갈 지 공로공

차윤손강의 고사에서 나온 말로, 어려움을 이기고 꾸준하게 공부한 보람.

形 影 相 弔
모양형 그림자영 서로상 조상조

몸과 그림자가 서로 위로함.

兄 弟 鬪 墻
맏 형 아우제 다툴혁 담장장

형제가 담 안에서 서로 다툼. 동족상쟁(同族相爭)

螢 窓 雪 案
반디불형 창문창 눈 설 책상안

어려운 가운데서도 학문에 힘씀.

狐 假 虎 威
여우호 거짓가 호랑이호 협박위

여우가 호랑이의 힘을 빌어 뽐내듯 남의 힘을 빌어서 뽐냄.

糊 口 之 策
접착풀호 입구 갈지 방책책

먹고사는 방책.

虎 狼 之 國
범 호 늑대랑 갈지 나라국

호랑이와 늑대의 나라라는 뜻으로 포악한 나라를 이르는 말. 보통 중국 최초의 통일국가인 진나라를 일컬음.

虎 父 犬 子
범 호 아비부 개 견 아들자

호랑이 아비에 개새끼라는 뜻으로 잘난 아버지에 비해 못난 자식을 일컬음.

好 事 多 魔
좋을호 일사 많을다 마귀마

좋은 일에는 방해되는 일이 많다는 말.

狐 死 首 丘
여우호 죽을사 머리수 언덕구

여우는 죽을 때 머리를 제가 살던 굴이 있는 언덕으로 돌린다는 뜻. 즉 고향을 그리워한다는 말.

虎 死 留 皮
범 호 죽을사 남길유 가죽피

호랑이가 죽어 가죽을 남기듯 사람은 죽어서 이름을 남겨야 함을 비유하는 말. 인사유명(人死留名).

豪 言 壯 談
호걸호 말씀언 장할장 말씀담

분수에 맞지 않는 말을 희떱게 지껄임.

虎 視 耽 耽
범호 볼시 노릴탐 노릴탐

범이 사나운 눈초리로 바라본다는 뜻으로, 날카로운 눈으로 형세(形勢)를 노려봄.

浩 然 之 氣
클호 그럴연 갈지 기운기

천지에 가득 찬 광대한 원기. 공명정대(公明正大)한 도덕적 용기.

好 衣 好 食
좋을호 옷의 좋을호 밥식

잘 입고 잘 먹음.

縞 衣 玄 裳
명주호 옷의 검을현 치마상
흰호)

흰옷과 검은 치마. 소동파의 적벽부에 나오는 말로 학과 같이 깨끗함.

胡 蝶 之 夢
어찌호 나비접 갈지 꿈몽

장자가 나비가 되어 즐겁게 놀았다는 꿈 胡蝶夢에서 유래. 사물은 절대적 경지에서 보아야 그 가치를 알 수 있음.

惑 世 誣 民
미혹혹 인간세 속일무 백성민

사람을 속여 미혹시키고 세상을 어지럽힘.

魂 飛 魄 散
넋혼 날비 넋백 흐틀산

넋이 날아가고 혼이 흩어질 정도로 몹시 놀라 어찌할 바를 모름.

昏 定 晨 省
어둘혼 정할정 새벽신 살필성

조석으로 부모의 안부를 물어서 살핌.

忽 顯 忽 沒
문득홀 높을현 돌연홀 숨을몰

문득 나타났다가 문득 사라짐.

紅 爐 點 雪
붉을홍 화로로 점점 눈설

불로 벌겋게 단 화로에 눈을 뿌리면 순식간에 녹듯 사욕이나 의욕이 일시에 꺼져 없어짐.

弘 益 人 間
클홍 이익익 사람인 사이간

널리 인간 세계를 이롭게 한다는 뜻. 국조(國祖) 단군의 건국 이념으로 고조선 개국 이래 우리 나라 정치 교육의 기본 정신임.

畫龍點睛
그림화　용룡　점점　눈동자정

사물의 가장 중요한 부분을 끝내어 완성시킴.

化民成俗
될화　백성민　이룰성　풍속속

백성을 교화하여 좋은 풍속을 이룸.

華胥之夢
빛날화　서로서　갈지　꿈몽

중국의 황제가 낮잠을 자다가 꿈에 화서라는 나라의 선정(善政)을 보았다는 고사에서 유래.
'낮잠' 또는 '좋은 꿈'을 이름.

花容月態
꽃화　얼굴용　달월　모양태

미인의 얼굴과 자태.

花中君子
꽃화　중간중　임금군　아들자

꽃 중의 군자라는 뜻. 곧, 연꽃을 달리 일컫는 말.

畫中之餅
그림화　중간중　갈지　떡병

그림의 떡, 실지로 이용할 수 없고 만족을 채울 수 없음을 가리킴.

和風暖陽
화할화　바람풍　더울난　볕양

화창한 바람과 따뜻한 햇볕, 곧 좋은 날씨.

畫虎不成
그림화　범호　아닐불　이룰성

서투른 솜씨로 남의 언행을 흉내 내려 하거나 어려운 일을 하려 하여도 되지 않음.

換骨奪胎
바꿀환　뼈골　뺏을탈　애밸태

딴 사람이 된 듯이 용모가 환하게 트이고 아름다워짐.

鰥寡孤獨
홀아비환　과부과　외로울고　홀로독

홀아비, 늙은 과부, 어리고 부모 없는 아이, 늙고 자식 없는 사람.

荒 唐 無 稽
거칠황 허풍당 없을무 의논계

말이나 행동이 너무나 허황되어 믿을 수가 없음.

誨 人 不 倦
가르칠회 사람인 아닐불 게으를권

사람을 가르치고 깨우침에 조금도 권태를 느끼지 않음.

膾 炙 人 口
날고기회 구을자 사람인 입구

'회자'란 '고기에 회친 것과 구운 것'이란 뜻으로 널리 사람들의 입에 오르내리는 것. 즉, 좋은 글귀가 여러 사람들에게 자주 인용되는 것을 비유.

會 者 定 離
모일회 사람자 정할정 떠날리

만나면 반드시 헤어지게 마련이라는 말.

橫 説 竪 説
가로횡 말씀설 세로수 말씀설

되는 대로 조리 없이 마구 지껄임.

後 生 可 畏
뒤후 날생 옳을가 겁낼외

젊은 후배는 두려워할 만하다는 뜻으로, 젊은이는 장차 얼마나 큰 역량을 나타낼지 모르기 때문에 함부로 대하기가 어려움.

厚 顔 無 恥
많을후 얼굴안 없을무 욕될치

뻔뻔스럽고 부끄러움을 모름.

興 盡 悲 來
흥할흥 다할진 슬플비 올래

즐거움이 다하면 슬픔이 닥쳐온다. 그러므로 세상의 온갖 일에 너무 자만하거나 낙담하지 말라는 뜻.

喜 怒 哀 樂
기쁠희 노할로 슬플애 즐길락

기쁨과 노여움과 슬픔과 즐거움. 인간이 갖고 있는 온갖 감정을 이르는 말.

6. 성경원어 음역

1. 헬라어 Alphabet

대문자	소문자	이 름	발음	수 치
A	α	Alpha(알파)	a(아)	1
B	β	Beta(베타)	b(ㅂ)	2
Γ	γ	Gamma감마	g(ㄱ)	3
Δ	δ	Delta(델타)	d(ㄷ)	4
E	ϵ	Epsilon(엡실론)	e(에)	5
Z	ζ	Zeta(제타)	z(ㅈ)	7
H	η	Eta(에타)	e(에-)	8
Θ	θ	Theta(쎄타)	th(ㅅㄷ)	9
I	ι	Iota(이오타)	i(이)	10
K	κ	Kappa(카파)	k(ㅋ)	20
Λ	λ	Lambda(람다)	l(ㄹㄹ)	30
M	μ	Mu(뮈)	m(ㅁ)	40
N	ν	Nu(뉘)	n(ㄴ)	50
Ξ	ξ	Xi(크시)	ks(ㅋㅅ)	60
O	o	Omikron(오미크론)	o(오)	70
Π	π	Pi(피)	p(ㅍ)	80
P	ρ	Roh(로)	r(ㄹ)	100
Σ	σ	Sigma(시그마)	s(ㅅ)	200
T	τ	Tau(타우)	t(ㅌ)	300
Υ	υ	Upsilon(윕실론)	ü(위)	400
Φ	φ	Phi(휘)	ph(휘)	500
X	χ	Chi(키)	ch(키)	600
Ψ	ψ	Psi(프시)	ps(ㅍㅅ)	700
Ω	ω	Omega(오메가)	o(오-)	800

2. 히브리어 Alphabet

| 문자 | | 이름 | 국제 | 한글 | 수치 | 발음상의 |
일반형	어미형	(이름의 뜻)	발음	발음		유의점
א		알-렙 Aleph(황소)	’	’ㅇ	1	· 단지 숨을 내쉬는 것으로 표현되는 후두 폐쇄음
ב		베-트 Beth(집)	b(bh)	ㅂ(ㅂㅎ)	2	
ג		기멜 Gimel(약대)	g(ghd	ㄱ	3	
ד		달렛 Daleth(문)	(dh)	ㄷ	4	
ה		헤-He(공기격자창)	h	ㅎ	5	
ו		와-우 Waw(갈고리)	w	이우	6	·u가 아니고 w
ז		자인 Zayin(무기)	z	ㅈ	7	
ח		헤-트 Heth(울타리)	h	ㅎㅎ	8	·독어의 ch음
ט		테-트 Teth(뱀)	t	ㅌㅌ	9	·보다 더 거세게 발 음함.
י		요-드 Yodh(손)	y	이	10	
כ	ך	카프 Kaph(굽은손)	k(kh)	ㅋ	20	
ל		라멛 Lamedh(소몰이 막대)	I	ㄹㄹ	30	·ㄹ을 연속시키 는 식의 발음.
מ	ם	멤-Mem(물)	m	ㅁ	40	
נ	ן	눈-Nun(물고기)	n	ㄴ	50	
ס		사멕 Samekh(버팀대)	s	ㅅ	60	
ע		아인 ʾAyin(눈)	‘	‘ㅇ	70	·후두 아랫부분 으로부터 오는 발음.
פ	ף	페-Pe(입)	p(ph)	ㅍ	80	
צ	ץ	싸-데 Sade(물고기)	s	ㅆ	90	
ק		코-프 Koph(바늘귀)	k	ㅋㅋ	100	·영어의 q음.
ר		레-쉬 Resh(머리)	r	ㄹ	200	
ש		신-Sin(이)	s	ㅅ	300	
ש		쉰-Sin(이)	s	ㅅㅎ	400	·영어의 sh음.
ת		타-우 Taw(교차로)	t(th)	ㅌ	400	

교정부호(校正符號)

　다음의 기호표기는 우리나라에서 사용하는 원고의 교정부호이다. 컴퓨터에 의해 원고가 작성된다 하여도 교정은 보아야 하며 이에 따라 교정을 하게 되므로 동일한 부호의 사용으로 점검해 나가도 무리가 없다.

기 호	설　명	교정의 예	교정본 결과
✓	글자 사이를 떼어라	교정을잘보아라	교정을 잘 보아라
⌒	글자 사이를 붙여라	교정 은 필수요소	교정은 필수요소
⤳	글자를 삽입하라	바로 세라 우	바로 세우라
⤳	틀린 자(오자)를 고쳐라	원고를 쓴다는 것은	원고를 쓴다는 것은
ℓℓ	제거하라	대조를 해보고	대조를 해보고
(G)	고딕체로 바꿔라	고딕체로 바꿔야	**고딕체로 바꿔야**
(신M)	신명조체로 바꿔라	신명조로 바꿔야	신명조로 바꿔야
∾	앞과 뒤를 바꿔라	점 등을 잘못된	잘못된 점 등을
⌐	좌(左)로 밀어라	왼쪽으로 이동	왼쪽으로 이동
⌐	우(右)로 밀어라	오른쪽으로 이동	오른쪽으로 이동
⟲	행(行)을 이어라	줄을 바꾸었 으니	줄을 바꾸었으니
⌐	행(行)을 바꿔라	너무 빽빽하게 썼더니 복잡해요	너무 빽빽하게 썼더니 복잡해요
⊛	활자의 크기를 바꿔라	좀 더 큰 글자로	좀 더 큰 글자로
＝	줄을 일정하게 잡아라	줄이 갔다 하면 왔다	줄이 왔다 갔다 하면
⌄	구두점을 넣어라	구두점이 빠졌다	구두점이 빠졌다.

著者紹介

* 延世大學校教育大學院 卒業(M.A.), 基督神學大學院 卒業(M.Div)
* CANADA CHRISTIAN大學院 卒業(Th.M., Th.D. 神學博士)
* Trinity(美)神學大學院 卒業(敎育學博士. D.R.E.)
* 國民日報 信仰詩公募 當選
* 기독교 TV 信仰講座出演
* 現. 社團法人基督學術院 理事長, 글로벌평생교육원 원장, 世界原住民宣敎會 會長, 國際
   牧會學術院 院長, CANADA CHRISTIAN大學校敎授, Director of On-Line
   Education, 國際크리스천펜클럽會員, 田園中央敎會 擔任牧師
〈 著書 〉
 ·聖經槪論 ·敎會生活의 指針 ·信條學 ·그리움은 파도를 타고(詩集)
 ·論文作成法 ·기독교의 核心原理
 ·弟子의 길 ·주님과 한께 ·쌀밥계세요? ·푸른 초장(설교집)

새 論文作成法

2011년 7월 20일 1판 1쇄 초판인쇄
2011년 7월 25일 1판 1쇄 초판발행
著者 鄭 琦 煥
발행자 심 혁 창
발행처 **도서출판 한글**
서울특별시 서대문구 북아현동221-7
☎ 02) 363-0301 / FAX 02) 362-8635
E-mail : simsazang@hanmail.net
등록 1980. 2. 20 제312-1980-000009

ISBN 978-89-7073-291-6-93710